数字生态

企业赢在未来的关键

白 涛 著

人民邮电出版社

北 京

图书在版编目（CIP）数据

数字生态：企业赢在未来的关键 / 白涛著.

北京：人民邮电出版社，2025. -- ISBN 978-7-115
-65570-7

Ⅰ. F272.7

中国国家版本馆 CIP 数据核字第 2025265LX6 号

内 容 提 要

在当今数字化浪潮中，企业几乎不可避免地需要融入或自行打造数字生态。本书详细地探讨企业应如何培育具备数字生态特质的商业模式，涵盖业务构建的基本原则、中长期发展规划等方面，深入讨论中台战略、平台型组织架构、S 型曲线增长以及生态战略等概念。特别地，本书针对工业互联网背景下的数字生态构建提出独到见解，给出实用方法，呈现全面的数字生态构建蓝图，为企业数字化转型提供创新路径和解决方案。

本书旨在广泛传播构建平台驱动型数字生态的核心理念与关键技术，助力企业在数字化转型的征途上稳步前行，引领企业在激烈的市场竞争中抢占先机。本书可供志在构建数字生态的企业的管理人员与咨询顾问等参考，也可为商学院的师生提供数字生态企业的实践素材。

◆ 著　　　　　白　涛
　　责任编辑　韦　毅
　　责任印制　马振武
◆ 人民邮电出版社出版发行　　北京市丰台区成寿寺路 11 号
　　邮编　100164　　电子邮件　315@ptpress.com.cn
　　网址　http://www.ptpress.com.cn
　　涿州市京南印刷厂印刷
◆ 开本：700×1000　1/16
　　印张：16　　　　　　　　　2025 年 4 月第 1 版
　　字数：205 千字　　　　　　2025 年 4 月河北第 1 次印刷

定价：69.80 元

读者服务热线：（010）81055410　印装质量热线：（010）81055316
反盗版热线：（010）81055315

序

数字生态：企业重构竞争力的新范式

在数字经济浪潮席卷全球的今天，数字化转型已从企业的战略选项演变为生存发展的必答题。《"十四五"数字经济发展规划》中明确提出，"以数字技术与实体经济深度融合为主线，……培育新产业新业态新模式"。在这场深刻的产业变革中，如何突破传统增长模式的桎梏，构建面向未来的数字生态竞争力，成为多数企业面临的共性课题。白涛先生作为深耕数字化转型多年的研究者，其新作《数字生态：企业赢在未来的关键》应时而生，为这场变革提供了极具洞察力的理论框架和前瞻性的实践指南。

本书构建了系统的数字生态理论，将企业分为产品型企业、平台型企业和数字生态企业，并通过实例对比，阐明了数字生态企业实现快速增长的核心机制。生态的概念源于环境、盛于商业，各自独立，又相互影响，形成了生机勃勃的有机系统。所谓数字生态企业，我的理解应该是在平台型企业的基础上，以数字化、网络化和智能化为核心能力，以数据要素为价值引领，通过整合诸多要素资源，构建协同联动、能力共享、价值共创、合作共赢的新型产业系统，从而提高企业在供应链、产业链和价值链方面的影响力与控制力。具体到数字生态的实现方式，书中提出的网络效应服务设计、边际成本递减的补贴策略、用户锁定效应等核心原则，既是对梅特卡夫定律、飞轮效应等经典理论的创新发展，也是对数字经济时代企业竞争规律的深刻总结。特别是关于工业互联网生态构建的专章论述，为传统制造业的数字化转型提供了清晰的路径指引。

目前，企业数字化转型面临三大误区：把数字化等同于信息化升级、将平台建设等同于生态构建、简单复制互联网模式。本书针对这些问题提供解决方案，通过案例分析表明数字生态企业的核心在于建立多方协同网络，打造自组织、自进化的价值创造体系。这一思路突破传统线性思维，为企业转型提供了新方向。书中提及的平台冷启动策略则解决了转型过程中的关键难题。

对大型企业而言，本书提供了生态级竞争力的构建方法。中台战略与平台型组织变革解决了传统组织结构在数字转型中的矛盾。通过案例，展示了头部企业如何利用数据要素实现价值网络重构。书中提到的生态位竞争战略指出，企业从产品竞争转向生态竞争时，能够更广泛地配置资源，建立不可复制的优势。对中小企业而言，本书给出了融入数字生态的实用指南，提供多个选择方向，白涛先生通过相关案例，展示了如何借助数字生态实现发展。

对数字化转型推动者而言，本书打破了"技术主导论"的思维定式。白涛先生通过贝壳找房等的案例，揭示数字生态本质是传统商业生态的数字化重构。这种从商业本质出发的方法论为企业数字化转型负责人提供了新视角——数字化转型不只是技术改造，更是商业模式与组织形态的整体变革。

本书在数字技术与数字要素重构商业的时代背景下出版，意义重大。白涛先生凭借深厚的理论功底和丰富的咨询经验，打造了严谨且实用的分析框架。书中对数字生态演进、组织变革和工业互联网生态的深入探讨，展现了对产业变革的独到见解。这种融合互联网思维与传统产业的研究方法，开创了数字经济理论研究新范式。

当前，全球产业正从单体企业竞争转向生态系统竞争。无论是寻求突破的行业巨头，还是渴望突围的中小企业，都能从本书中获得战略层面的启发与战术层面的抓手。即便当下全球人工智能开源大模型爆发式发展，积极探索未来的企业形态发展趋势和模式依然意义重大。此书值得每一位在数字化转型浪潮中搏击的企业家、管理者和研究者置于案头，常读常新。

李红

中国信息协会副会长兼秘书长

2025 年 3 月 20 日于北京

前言

　　如果数字化转型可以通过以终为始的方式反向推进，将会是什么样的呢？全国信息化和工业化融合管理标准化技术委员会发布的相关标准将企业数字化成熟度分为 5 个级别：规范级（L1）、场景级（L2）、领域级（L3）、平台级（L4）和生态级（L5）。这些级别从低到高，不仅反映了技术的进步，也反映了企业运营模式的演化。前 3 个级别更多聚焦于企业内部的数字化能力建设，后两个级别则更偏向于企业外部的连接与协作。

　　我在为企业提供咨询服务的过程中，发现很多人对成熟度达到"生态级"企业的理解还不够深入，这会导致企业在推进数字化转型时目标不清晰，阻碍企业向业务高速增长的方向发展。这促使我开始写这本书，希望它能够帮助传统企业理解如何通过数字化转型最终达到"生态级"。

　　尽管许多人认为平台级企业天然具有生态级能力，但实际上，平台级企业与生态级企业在构建网络化协作和价值共创方面有本质的不同。平台级企业通过开放型平台促进协作，生态级企业则通过与用户和合作伙伴的深度连接形成共享价值的生态体系。

　　由于缺乏对平台级企业与生态级企业差异性的理解，很多传统企业没有真正理解为何要成为数字化环境下的生态级企业，无法真正投身于更高级别的数字化转型。传统企业应如何借鉴互联网公司的生态建设成功经验，将传统业务在线化，构建生态并实现业务高速增长，是本书最希望解决的问题。如果能解决这个问题，将会有力地推动企业数字化转型的进程。

　　在读完本书后，读者将会坚信这个判断：未来企业的两种生存方式，一种是成为数字生态的构建者，另一种则是成为数字生态的参与者。采用第一种生存方式的企业需要运用数字生态思维，构建连接各个参与方并促使多方协作的庞大社会化网络，才有机会让业务快速增长，从而处在"强者恒强"的竞争生态位。

要想成功建立一家数字生态企业，不仅需要消化吸收互联网公司的成功经验，如平台模式、网络效应和平台冷启动策略等，还需要理解在数字化环境下，传统行业应如何利用正确的理念和策略建立数字生态。由此，我们才会真正理解"生态"的含义，从而构建一个生态共创协作的机制，并利用社会化的资源来帮助企业自身快速成长。我撰写本书，就是希望帮助读者深刻领会数字生态的重要意义。

读者对象

企业内部：管理人员及其他相关人员

本书主要面向传统行业的企业家、负责数字化转型的企业中高层管理人员，包括企业的业务负责人、战略负责人、数字化负责人、平台型业务主管等。另外，工业互联网及产业互联网相关领域的从业人员也能通过阅读本书有所收获。

企业外部：咨询顾问等

本书也面向数字化转型的解决方案专家和咨询顾问，为企业的生态级数字化转型提供参考。

商学院的师生

本书还可以作为商学院的教材。本书包含许多真实案例，能为商学院的师生提供数字生态企业的实践素材。

本书特色

为传统企业构建数字生态是一个很有挑战性的任务，不仅需要把握平台模式，还需要结合传统业务的特性。本书试图从传统企业（而非互联网企业）的视角帮助读者完整认识数字生态。本书的内容并不限定企业的规模，既适用于行业龙头，也适用于初创企业。因为数字生态并非仅适用于大型企业，中小型企业也可以成功地构建数字生态。

本书提供了大量的策略和对应案例，读者可通过这些案例来理解策略。传统行业的读者可能对很多互联网术语感到陌生，本书将尽量对它们进行简化，以帮助读者顺畅阅读。

本书的层级

本书的层级如图 1 所示。

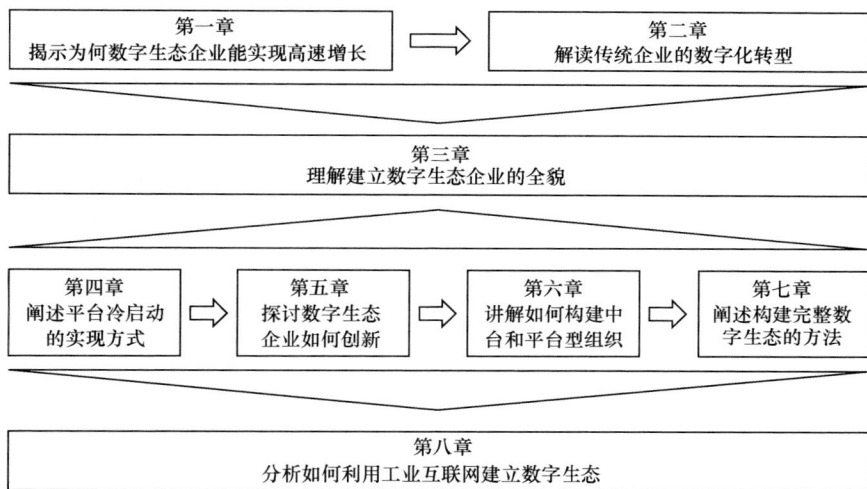

第一章 揭示为何数字生态企业能实现高速增长	⟹	**第二章** 解读传统企业的数字化转型	

第三章
理解建立数字生态企业的全貌

| 第四章
阐述平台冷启动的实现方式 | ⟹ | 第五章
探讨数字生态企业如何创新 | ⟹ | 第六章
讲解如何构建中台和平台型组织 | ⟹ | 第七章
阐述构建完整数字生态的方法 |

第八章
分析如何利用工业互联网建立数字生态

图 1　本书的层级

第一章通过对比分析产品型、平台型和数字生态这三类企业，揭示它们各自业务模式的特点。这将帮助读者快速理解数字生态企业具备高成长性的底层逻辑。

第二章阐述传统企业如何打造平台生态，介绍通过平台生态构建数字生态的最佳实践。如果读者对平台或平台生态的概念比较陌生，那么推荐仔细阅读这一章。

从第三章开始，本书将逐步深入地讲解如何创建一家数字生态企业，介绍一套完整的战略框架，从而让读者看清数字生态企业的全貌。如果读者想要快速了解本书的核心观点，可以直接从第三章开始阅读。

第四章至第七章将分别详细讲解这套战略框架的各个部分。第四章讲述如何冷启动生态化的平台型业务。第五章结合 S 形曲线（业界也常称 S 型曲线）

的创新思维，探讨数字生态企业的创新模式。第六章围绕中台和平台型组织两个主题，介绍数字生态企业的组织变革。第七章重点阐述构建完整数字生态的方法和相关生态战略。

最后，第八章将介绍如何通过工业互联网构建数字生态，为传统企业的数字化转型提供新的思路和落地路径。

标注的方式

本书有 3 种标注重点内容的方式。

🌐　本书涉及的一些定义、概念，用这种图标进行标注。

🔒　本书的主要观点及结论，用这种图标进行标注。

〰　本书需要读者重点关注的内容，用波浪线进行标注。

勘误和支持

由于作者水平有限，书中难免存在不足之处，恳请读者批评指正。如有问题，请发送邮件至 weiyi@ptpress.com.cn。

致谢

感谢本书的特约策划人王元苓老师，正是她的鼎力支持，才使得本书顺利出版。我还要感谢所有参与本书内容讨论的同事与朋友们，正是与他们的不断交流让我有了更多的"读者视角"，并能用更通俗易懂的语言阐述数字生态理念。

感谢家人的理解和支持，在写书的过程中有家人的陪伴和支持，我十分感动！

白涛

2024 年 5 月

目录

第一章
数字时代的竞争法则

数字平台就像"聚宝盆",你投入的每一份资源几乎都能创造高价值。

1 什么是数字生态企业？它与数字化企业有什么区别？

2 为什么数字生态企业能够实现"赢者通吃"？

3 传统企业在数字化转型过程中，如何借鉴数字生态企业的成功经验？

在当今的商业世界，传统企业是否能够发展成腾讯、阿里巴巴、苹果公司、谷歌那样的"超级巨无霸"？这些"超级巨无霸"的成功方法是否适用于传统企业，这是一个值得深思的问题。在我看来，这些行业巨头都走在数字化转型的前沿，是构建"生态级"企业的成功典范。深入研究它们的成功经验，可以帮助传统企业顺利进行数字化转型，进而发展为各自行业的领军企业。

如何才能像这些行业巨头一样发展出多形态业务，并且借助数字化能力不断构建自己的"护城河"呢？本章将深入剖析传统企业为何要追求成为这样的"超级企业"——本书称之为数字生态企业。

一、具有不同业务形态的三类企业

按照数字经济环境下不断衍生发展的业务形态，可以将企业分为产品型企业、平台型企业和数字生态企业。这里特别对平台型企业与数字生态企业做了区分，读者随着对本书内容理解的深入会逐渐发现，不是所有的平台型企业都是数字生态企业，它们在业务逻辑上有着本质的不同。

这三类企业中，数量呈现阶梯式的分布，产品型企业的数量很多，但是数字生态企业的数量很少，如图 1-1 所示。

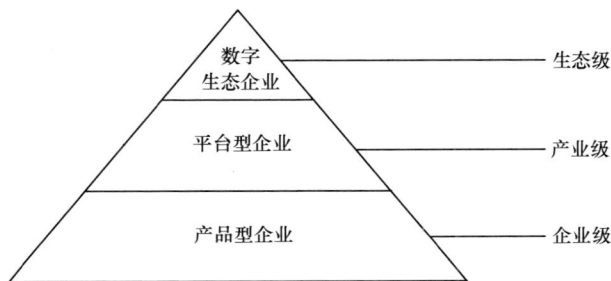

图 1-1　三类企业的分布

接下来分别介绍这三类企业的特点。

（1）产品型企业

产品型企业是最常见的企业，个人消费品、电子产品、汽车、房产等领域的企业都属于产品型企业，比如宝洁、戴森等。这类企业数量庞大，其特点是专业性强。它们的目标是打造爆款或者具有差异性的产品，满足消费者的需求。

（2）平台型企业

平台型企业通过构建线上平台，与客户及合作伙伴进行业务协作。这类企业的特点是：要么平台是自身业务的延伸，将传统业务转到线上，如链家；要么平台围绕某个产业链，通过与该产业链中的核心企业形成合作关系，为其提供有产业特色的业务服务，如欧冶云商等。

（3）数字生态企业

数字生态企业虽然同样拥有平台型业务，但是其业务发展模式与平台型企业截然不同。数字生态企业通过启动多边协作网络形成网络效应，采用补贴性策略推动某个行业或产业链的各个参与方的协作。数字生态企业最为突出的特点是，它并不围绕某个产业链的核心企业构建业务，其核心业务是建立"连接"而非"提供直接产品"，它是生态的构建者和维护者。比如，阿里巴巴的淘宝并不直接生产商品，而是为生产厂家提供电子商务交易服务；美团并不直接生产美食，而是提供外卖骑手的配送服务等。

网络效应

网络效应是一种经济学现象，描述的是在一个网络中，随着用户数量的增加，网络的价值呈指数级增长的现象。

网络效应可以是直接的，也可以是间接的。直接网络效应指的是，一种产品或服务随着用户数量的增加，对用户的价值也增加了。例如，电话、社交媒体等平台，用户越多，通信或社交的可能性就越大，因此产品的价值也就越高。间接网络效应则是指，一种产品或服务的使用量增加会促进互补产品或服务的消费，从而提高原产品或服务的价值。例如，游戏机的销售量增加会吸引更多的游戏开发商为该游戏机开发游戏，游戏数量的增加会提高游戏机的价值，从而吸引更多的玩家。

网络效应通常被认为是新经济行业（尤其是信息和通信技术行业）中的一个重要特征。网络效应可以带来积极的反馈循环，激励越来越多的人使用某种产品或接受某种服务。

数字生态

在本书中，数字生态是数字商业生态系统的简称，它是传统商业生态系统在数字化时代的发展和延伸。数字生态利用数字技术和数字平台，将它的各个参与方更紧密地连接在一起，实现信息的快速流动和价值的高效创造。

二、效率对比：三类企业的差异

为何要对企业进行这样的划分呢？因为这三类企业有着明显不同的效率提升空间，对整个社会的影响程度也截然不同。

产品型企业在数字化转型的过程中，本质上是通过提高自身的生产效率，实现成本优化。虽然这类企业会利用各种数字化工具和手段（比如，依托智能制造改进产品制造流程、进行反向定制的生产、实行智能化的线上营销等）来优化其产品或者服务，甚至改变其业务模式，但最终都只会改变其自身的业务效率。

平台型企业可以为某个产业或行业带来整体效率的提高。它们通常通过互联网技术与大数据应用，为某个行业上下游的企业提供在线交易、供应链协同以及融资服务等，提高整个产业链的生产与服务效率。例如，找钢网是一个全流程的钢铁电商平台，连接了钢厂、贸易商、加工商、物流商和终端用户。它的核心业务是在线交易，同时提供仓储、加工、配送、金融等增值服务，形成完整的服务闭环。

对数字生态企业来说，它的效率提升能使某个产业或者行业实现成本优化和效率提升，其更大的价值在于利用数字平台为参与者创造连接与协作机制。这种连接与协作机制不仅提高了某些具体业务或者某个企业的效率，而且满足了多种业务形态的产业协作。

例如，当在微信平台上进行个人互动时，我们可以同时浏览公众号，这是自媒体人和读者之间的业务连接；微信支持个人支付，这连接了商户和消费者。微信这个生态系统不仅实现了个人与个人的连接，还实现了个人与企业、企业与企业之间的各种业务连接，这种连接已经渗入各行各业。如果你细心观察，会发现微信小程序的嵌入，使得微信服务范围已经远超个人即时消息服务。许多企业可以通过微信小程序来提供服务，例如，"美团"小程序可以帮你订餐，"携程"小程序可以帮你订票，等等。一旦形成这样的生态，企业的业务形式将不再局限于几种，而是时刻会涌现新的业务形式。

这与我们使用智能手机的情况类似，自iPhone普及应用商店（App Store）这个概念以来，智能手机通过应用商店为整个生态的参与者提供了各种各样的服务。每个参与者既可能是应用的发布者，也可能是应用的消费者。应用商店创造了使每个参与者都很容易连接和提供服务的方式，这与微信小程序是类似的。

这三类企业的特征对比如表 1-1 所示。

表 1-1　三类企业的特征对比

对比项	产品型企业	平台型企业	数字生态企业
关注焦点	单一产品创新与优化	产业链协作与效能优化	生态系统整体发展、网络效应
服务对象	终端消费者、企业用户	产业链上的合作伙伴、企业用户、开发者	多元化的参与者，包括企业、开发者、广告主、投资者等
客户价值	提供优质的产品功能和用户体验	提供高效的产业链协作，降低交易成本	提供协同创新的环境，创造网络效应和共享价值
客户关系管理	以产品为中心的客户关系管理，重视用户反馈和产品改进	维护与核心企业的业务关系，促进合作伙伴之间的协作和信任	构建和维护庞大的生态系统，推动各参与方互惠合作和共创价值
数据利用	分析用户行为数据，优化产品功能和用户体验	利用大数据和人工智能技术，洞察产业链动态，优化平台运营	挖掘生态大数据，发现新的商业模式和创新机会，推动生态系统演化
典型例子	消费品公司、软件开发公司、应用开发商（如格力、特斯拉、宝洁、戴森、耐克等）	工业互联网平台、产业互联网平台（如链家、欧冶云商等）	互联网平台巨头、跨界创新的科技集团（如阿里巴巴、美团、腾讯、苹果、微软等）

数字生态企业通常具有更稳定的业务模式。相比之下，产品型企业需要不断推出有竞争力的产品；平台型企业则需要优化其业务模式，以更好地参与产业链协作。数字生态企业通常拥有更大的竞争优势和更好的竞争策略，主要聚焦于维护生态系统的健康发展，其自身的发展对社会有巨大的影响力。

究竟是什么让数字生态企业能够保持长久不衰呢？要得到这个问题的答案，还需要分析这三类企业不同的发展过程，以及它们所具有的潜力。

传统的产品型企业通常专注于特定产品的研发、生产和销售。由于产品型企业的业务增长主要依赖产品销售和市场占有率，因此其发展速度相对较慢。产品型企业需要通过不断创新和产品升级来保持竞争力，并拓展新的销售渠道和市场。虽然产品型企业成长性相对较弱，但在某些特定市场和行业（如高端制造业、奢侈品行业等）中，仍然具有稳定的增长潜力。

平台型企业通过构建连接用户和商户的平台，能够促进双方之间的互动和交易。平台型企业的发展速度通常较快，但可能受到用户规模、平台黏性和市场竞争等因素的影响。平台型企业需要通过不断创新和扩展服务范围来吸引更多用户和商户，从而实现持续增长。虽然平台型企业可能成长性略逊于数字生态企业，但其仍然具有较大的增长潜力。

数字生态企业通过构建开放、共享的生态系统，能够快速引入合作伙伴和服务商，共同推出创新产品和服务。这种协作效应使得数字生态企业能够以指数级速度扩张，并在不同领域实现快速增长。由于生态系统内资源共享、数据流通，数字生态企业能够更高效地满足客户需求，适应市场变化，从而持续吸引更多用户和合作伙伴。因此，数字生态企业通常具有较强的成长性。

三、演化路径：从产品型企业到数字生态企业

为了更清晰地揭示产品型企业、平台型企业和数字生态企业之间的差异，下面用两组案例来进行对比分析。第一组案例是服装产业的龙头企业优衣库和 SHEIN，它们分别是产品型企业与平台型企业。第二组案例是房产经纪服务行业中的头部企业链家和贝壳找房，它们分别是平台型企业和数字生态企业。

1. 优衣库与 SHEIN：平台化转型

平台型企业与产品型企业的主要区别在于是否构建了线上平台。线上平台的优势在于，能够通过数字化的方式连接企业上下游，并能直接为客户提供线上和线下同步的服务。对于上下游合作伙伴，平台型企业可以通过供应链协作平台、采购服务平台、B2B（企业对企业）交易服务平台等

方式提高产业链上各企业生产制造和销售服务的效率。同时，对于消费者服务，平台型企业通过提供电商网站、独立 App 以及各种自动化营销工具，增加消费者服务触点，加速需求反馈，从而更好地满足消费者的个性化需求。

接下来对老牌服装企业优衣库和服装产业的黑马 SHEIN 进行对比。

>> 优衣库的业务模式

优衣库（UNIQLO）隶属于日本迅销集团（Fast Retailing），自 1984 年成立以来，凭借其独特的商业模式和创新的产品线迅速发展为国际时尚零售巨头。早期的优衣库主要在日本经营，通过低价策略吸引了大量消费者。随着公司的发展，优衣库向海外市场扩张。2002 年进入中国市场，并逐步在全球范围内开设门店。

优衣库实行包含原材料采购、研发、生产、销售的 SPA（Specialty Retailer of Private Label Apparel，自有品牌服装专业零售商）模式，以直营连锁门店为主，全供应链控制压缩中间费用，拥有行业一流的快速反应能力。SPA 可将用户与供应商联系起来，尽可能减少中间商环节，有效实现了成本控制、质量把控、快速反应能力等一系列发展目标。

优衣库的 SPA 模式包括以下几个关键步骤。

● **原材料采购**：优衣库通过与大型面料厂商合作研发高功能性面料，以及直接从产地采购高级天然面料来降低成本。

● **产品设计**：优衣库大部分商品为基础款设计，非常注重面料的研发和服装的设计。

● **生产制造**：优衣库拥有强大的生产能力，能够迅速调整生产，以反映最新的销售趋势并降低门店运营成本。

● **物流配送**：优衣库实行全供应链控制，压缩中间费用。目前，优衣库商品从设计到门店上架的平均时间可缩短至 13 天。

● **库存管理**：优衣库通过优化生产、店铺、库存等方面的管理，推动单店收入增长，并有效解决了库存问题。

● **零售销售**：优衣库主要通过直营连锁门店进行销售，确保产品质量和服务水平的一致性。

优衣库通过其独特的 SPA 商业模式、高效的供应链管理和创新的产品设计，在全球服装市场中占据了重要地位。凭借高性价比和广泛的市场覆盖，优衣库不仅在日本本土市场取得了成功，还在全球范围内赢得了众多消费者的青睐。

》 SHEIN的业务模式

SHEIN 是一家总部位于广州的中国跨境电商巨头，以低价、高质量和款式多样闻名。近年来，SHEIN 在全球 200 多个国家和地区实现了惊人的业务增长，其成功的关键在于独特的业务模式、发展战略和创新精神。SHEIN 采用数字化供应链管理系统，保证了产品质量和交货时间，并能快速响应市场需求变化。

SHEIN 的业务模式以自主设计、生产和销售为基础，实现了对整个供应链的控制，主要业务模式包括以下几种。

● **独立站模式**：SHEIN 采用独立站模式，自建电商网站导入流量，不依赖第三方平台。这使得 SHEIN 能够掌握用户数据，方便进行精准营销和产品开发。

● **小单快返**：SHEIN 采用小批量、多款式的生产模式，根据市场反馈，迅速调整产品设计和生产计划，以满足消费者的需求。在这种模式下，SHEIN 可以迅速推出新款，减少库存滞销风险，并提高资金的周转率。

● **数字化柔性供应链体系**：SHEIN 利用数字化技术实现了对供应链的柔性管理，通过数字化供应链管理系统实时跟踪生产进度、库存情况和销售数据，以便及时调整生产计划和产品设计。

● **营销策略多元化**：SHEIN 注重多元化的营销策略，通过与社交媒体和"网红"合作、广告投放、积极参与时尚活动等方式提升品牌知名度。

总的来说，SHEIN 的业务模式具有创新性、灵活性和可持续性，使其能够适应市场和消费者需求的变化，从而实现快速发展。

SHEIN 和优衣库都是全球知名的服装品牌，在供应链协作、产品迭代和创新以及市场覆盖和用户规模方面有着不同的特点与差异。

1）供应链协作方面。SHEIN 以其快速响应市场变化的供应链著称，通过与众多中小工厂建立互利共生的合作关系，实现了"小单快返"的生产模式。这种模式使得 SHEIN 能够迅速捕捉时尚趋势并快速推出新产品，同时保持较低的库存风险。优衣库则以其精细化管理和 SPA 模式著称，通过减少最小存货单位的数量来降低库存压力，并通过与供应商的紧密合作来控制成本和质量。

2）产品迭代和创新方面。SHEIN 的产品迭代速度快，每天可以上线超过 2000 个新的设计，采用"小订单，快速重新订购"的生产模式，通过市场测试来识别潜在爆款并快速返单。SHEIN 还注重品牌建设，通过与社交媒体和关键意见领袖合作等多元化营销渠道，构建活力品牌形象。优衣库对基础款的追求更为极致，注重面料、设计、功能和时尚元素上的微创新，其产品约 70% 为基本款，最小存货单位常年保持在 1000 款左右。

3）市场覆盖和用户规模方面。SHEIN 的市场覆盖广泛，业务遍及美、欧、中东、拉美、东南亚等地区，尤其在年轻女性用户群体中具有较高的知名度和影响力。SHEIN 通过极致的性价比和快速的上新速度吸引了大量用户。优衣库则是在全球范围内拥有广泛的线下门店网络，日本和大中华区是优衣库最大的两个市场。

通过对比优衣库与 SHEIN 的主要运营数据，可以更清晰地看到这两家服装企业的不同，如表 1-2 所示。

表1-2 优衣库与SHEIN的主要运营数据对比

对比项	优衣库的数据	SHEIN的数据
生产周期	约13天	3～10天
供应商数量	40～50家	300～400家核心供应商
上新周期/数量	按季节上新，每年约1000款	每日上新2000～3000款，每年约130万款
产地	中国、印度尼西亚、孟加拉国	中国（广东省）
价格	5.9～11.8欧元	9欧元以下
线下门店数	约2500家	无

SHEIN 的线上平台运营，在供应链管理和产品迭代创新方面具有显著优势，特别是在快速反应市场变化和频繁上新方面表现突出。SHEIN 款式的数量为传统快时尚品牌的 30 ～ 50 倍。在产品设计环节，设计师基于收集好的流行元素和预测数据快速进行评审改造，设计流程快、效率高，单品设计周期 3 ～ 10 天（优衣库则需约 13 天）；在产品测试环节，SHEIN 的纯线上销售模式使销量和用户数据得以快速反馈，进而配合后端小单快返生产对产品进行快速测试。

SHEIN 的这种优势在营收上得以体现。2022 年，SHEIN 的收入达到 227 亿美元，同比增长 52.8%；商品交易总额达到 300 亿美元，同比增长 50%。SHINE 在欧美地区的销售额占比超过 60%。而优衣库品牌 2022 财年营收约 1.93 万亿日元，其中大中华区营收 5385 亿日元，仅增长 1.2%。

SHEIN 与优衣库之间的对比，能够体现出平台型企业通过线上平台开展业务的优势，它们能够以更快的速度、更大范围的服务来满足消费者多样化的需求。

2. 链家与贝壳找房：生态化演化

数字生态企业与平台型企业相比创造了更大的业务价值，它们创建了一套生态协同机制，而非某个具体的业务服务。生态协同机制所产生的业务服务将会随着参与者的增加，规模和价值得到提升，而平台型企业则会受限于自身业务的定位，其发展边界往往与平台所倚重的核心企业或某个业务相关联。从这一点不难看出，平台型企业的发展是受限的。这类企业需要发展出生态协同机制，才有可能突破其原有的业务边界。

另一个比较容易区分数字生态企业与平台型企业的方法是，数字生态企业通常只构建生态协同机制，自身并不参与实际业务。数字生态企业的收益大部分来自服务各个平台参与方的收益分成。比如，淘宝本身通常不直接参与消费者与商家之间的交易，而是扮演中介和服务平台的角色；也不直接向消费者提供商品，而是由商家提供商品来满足消费者需求，淘宝对商家收取相关的推广营销服务费。虽然阿里巴巴也推出了一些自有品牌，如"喵满分"，但是它主要还是构建和运营平台的业务形态。反观平台型企业，它们则直接参与业务交易，其主要收入来源也是直接参与业务交易的收益。例如，京东的零售自营业务直接为消费者提供商品和服务（包括配送服务），而京东自营业务的商家或品牌商，如海尔、美的等，它们是京东的供应商，而不是销售过程的主导者。

这样就不难理解，为何一家数字生态企业很容易进入其他平台型企业所建立的业务领域，其根本原因是它创建了一个比单一业务形态的平台更加灵活的协作机制，而且能够同时快速孵化不同的业务。在这种生态协同机制下，数字生态企业具有指数级的发展速度，业务增长要远高于平台型企业和产品型企业。

接下来以链家和贝壳找房这两家企业的业务为例来说明其中的区别。

>> 链家业务介绍

链家是中国领先的房地产经纪公司之一，成立于2001年，最初主要在北京地区提供房地产经纪服务。随着业务规模的扩大，链家开始在全国范围内进行连锁经营。链家注重门店的选址和经纪人团队的培训，致力于提高服务质量和用户满意度。随着互联网技术的发展，链家开始布局线上平台，推出网站、App等线上服务。近年来，链家在继续巩固房地产经纪业务的基础上，开始拓展更多专业领域和多元化服务。例如，链家涉足商业地产、海外地产等领域，为客户提供更全面的房产服务。

以下是链家的主要业务模式。

● 经纪服务：链家主要通过提供房地产经纪服务来获取收入，包括房屋买卖、租赁、评估等。链家以门店为基础，拥有庞大的经纪人团队，为客户提供全方位的房产交易服务。

● 平台服务：链家推出了线上平台，包括网站、App等，提供房源信息、在线咨询、交易撮合等服务。通过线上平台，链家能够覆盖更大范围的用户群体，提高服务效率。

● 金融服务：链家提供与房产交易相关的金融服务，如房屋贷款、过桥贷款等。通过金融服务，链家能够为客户提供更全面的解决方案，增加收入来源。

● 数据服务：链家通过积累和分析房产交易数据，提供市场研究报告以及投资咨询等服务。这些数据服务能够为政府、金融机构等提供决策支持，同时为链家的其他业务提供数据支撑。

>> 贝壳找房业务介绍

贝壳找房是一个提供居住服务的互联网平台，继承了链家的品牌和资源。贝壳找房还进入金融服务和数据服务领域，旨在提供更全面的解决方案。2020 年 8 月，贝壳找房在纽约证券交易所上市。近年来，贝壳找房开始拓展更多业务领域和生态化服务，例如家居装修、社区服务等。

贝壳找房的主要业务模式如下。

● 房产经纪服务：贝壳找房通过连接经纪人和经纪公司，提供房产买卖、租赁等经纪服务。贝壳找房以 ACN(Agent Cooperation Network，经纪人合作网络) 为基础，实现房源共享和经纪人协作，提高了服务效率和用户满意度。

● 平台服务：贝壳找房构建了线上平台，包括网站、App 等，提供房源信息、在线咨询、交易撮合等服务。通过线上平台，贝壳找房能够覆盖更大范围的用户群体，从而降低交易成本，提高服务效率。

● 金融服务：贝壳找房提供与房产交易相关的金融服务，如房屋贷款、过桥贷款等。通过与金融机构合作，贝壳找房能够为用户提供更全面的解决方案，从而增加收入来源。

● 数据服务：贝壳找房通过积累和分析房产交易数据，提供市场研究报告以及投资咨询等服务。这些数据服务能够为政府、金融机构等提供决策支持，同时为贝壳找房的其他业务提供数据支撑。

● 技术创新：贝壳找房注重技术创新，如利用大数据、人工智能等技术提高房源信息的真实性和准确性，从而优化用户体验；同时，贝壳找房还推出 VR 看房、在线签约等创新服务，从而提升了服务效率和用户体验。

通过对比分析可以发现，贝壳找房与链家在业务模式上最大的不同是贝壳找房构建了独特的 ACN 运作机制。ACN 模式的核心思想是将房地产交易过程拆分为多个环节，并为每个环节分配相应的角色和职责。这些环节包括房源录入、房源维护、用户带看、交易谈判、签约成交等。每个环节的角色和职责都有明确界定，以确保交易的顺利进行。在 ACN 模式下，不同的经纪人可以专注于自己擅长的环节，并通过合作完成整个交易过程。

ACN 模式为贝壳找房带来的竞争优势在于其使得跨品牌合作成为可能，品牌加盟的方式能迅速扩大企业规模，吸引大量经纪门店和经纪人加入，直观表现为平台非链家经纪人占比的提升，他们成为推动贝壳找房总成交额增长的主力军。

自 2018 年 4 月成立到 2021 年 3 月，贝壳找房经纪人数量从 0 增长到 52.8 万人，其中包括链家经纪人和非链家经纪人。链家经纪人是贝壳找房的核心合作伙伴，约 13 万名，约占贝壳找房经纪人总数的 24.6%。非链家经纪人则是贝壳平台上其他品牌（包括伊诚、德佑、中联、满堂红、盛世管家、高策等 250 多个品牌）的经纪人，其数量总计约 39.8 万人，约占贝壳找房经纪人总数的 75.4%。

贝壳找房的经纪人数量呈现快速增长的趋势，而且非链家经纪人的数量远超链家经纪人的数量，这说明贝壳找房平台具有较强的吸引力和开放性。贝壳找房上线以来，2018—2020 年总成交额的年增长率分别达到 21.34%、97.09%、238.3%，数据体量的指数级增长也是贝壳找房的一大亮点。2019 年，贝壳找房平台总成交额中，除链家外的其他新经纪品牌的贡献约占 46.9%。

根据以上数据，可以得出以下结论：作为数字生态企业，贝壳找房的发展速度明显快于链家，呈现指数级的增长趋势。这种增长趋势主要得益于贝壳找房的数字生态企业发展模式——通过构建一个开放、共享的平台，连接更多的经纪人和经纪公司，实现房源共享和经纪人协作，降低交易成本，提高服务效率。在这种模式下，贝壳找房能够以更快的速度扩张。由此可见，相比平台型企业，数字生态企业在发展速度和成长性方面具有更大的潜力。

四、数字化增长的底层逻辑

贝壳找房与链家虽然业务类似，但却发展出了不同的业务模式。这究竟是因为每个企业本身的经营模式不同，还是有其他原因呢？

对数字生态企业而言，其业务模式和效率可能是企业家精心设计、用心经营的结果，但隐藏在背后的逻辑才是帮助数字生态企业最终胜出的关键。一方面，数字生态企业充分利用网络正外部效应和规模经济等经济规律特性，实现了快速发展。另一方面，数据这一特殊生产要素的存在为数字生态企业在数字环境下的竞争增加了新的手段。这使得数字生态企业在拥有庞大用户资源的情况下，能够不断通过数据来改进其服务，持续提高产品与服务的价值，创造出其他类型企业无法逾越的门槛。

传统企业必须理解这些隐形的竞争策略，以便在传统产业中锻炼出能与新兴企业竞争的能力。这样不仅有机会颠覆传统产业格局，而且有可能在未来的数字经济环境中占据主动权。

1. 数字生态企业的发展规律

数字生态企业通过运用特定的经济规律和策略来获得竞争优势。这些经济规律和策略不仅适用于构建平台型业务，而且具有普适性，它们是推动数字生态企业快速增长的基础。

（1）网络正外部效应

网络正外部效应有时被称为边际效用递增。以电话网为例，如果网络中只有一个用户，那么这个网络就失去了意义，因为用户无法达成与人沟通的目的。但是，每增加一个用户，网络就可以提供更多的沟通对象，从而提高网络的效用。从经济学的角度来看，对最后一个加入电话网的用户来说，他从中获得的效用高于先前加入的任何一个用户。同时，新用户的加入也提高了老用户获得的效用，这就是网络正外部效应的含义。

网络正外部效应使得用户众多的网站对新用户更具吸引力，进而吸引更多的新用户。相反，用户少的网站将逐渐失去吸引力，不仅难以吸引新用户，而且原有用户也可能流失。因此，网络经济呈现出"强者愈强、弱者愈弱"的马太效应，最终出现"赢者通吃"的现象。

（2）用户转换成本

用户转换成本与用户锁定效应相关。这是指使用某一商品或服务的用户在更换替代产品时需要付出的代价，这种代价主要是知识学习成本。例如，如果一个用户习惯使用微软公司的 Word 软件，现在工作需要他改用金山文字处理系统，那么他就必须放弃原先花费大量时间和精力才掌握的微软公司的 Word 软件，重新学习使用金山文字处理系统。因此，用户通常不愿意更改熟悉的软件，也不愿意进行替换。

转换成本也可能来自社会通用产品对替换行为的限制，如两种软件在技术上不兼容，那么就必须使用社会上通用的产品，使用不常用的软件可能会带来很多困扰。正是这种转换成本的存在，使得"赢家通吃"现象成为可能。

（3）规模经济

在网络经济中，企业提供的数字产品和服务具有显著的规模经济性。也就是说，这些产品的成本结构非常特殊，初始投资的固定成本高，但随着产量的增加，追加的变动成本却非常低。例如，腾讯耗费巨大的财力、人力构建了微信平台，但是新增一个微信用户所需要的平台运营成本却微乎其微。

随着产品和服务规模的扩大，企业可以通过优化资源配置、提高运营效率等方式来降低成本。例如，企业可以通过引入更先进的技术、优化物流配送网络等方式来提高运营效率，从而降低单位成本，这将有助于企业在激烈的市场竞争中保持领先地位。

（4）先发优势

由于网络效应和用户转换成本的存在，如果先行者形成了一定的市场规模，就会带来更快的发展速度和用户规模的激增，从而比其他竞争对手更容易拥有更大的市场占有率。再者，早期进入者更有机会参与或者影响市场规则的制定，为自身创造有利的竞争条件。

在网络经济中，由于网络效应的存在，当网络用户数量达到某个临界值时，就会吸引更多用户加入。例如，微信在早期用户不多时，并未被大多数人视为主要的即时通信工具。但当身边越来越多的好友开始使用微信，其价值被逐渐放大，潜在用户就更有意愿使用微信了。一旦产生这种突破，网络效应将推动产品价值迅速增长，使得具有先发优势的企业能够更快地占领市场。

（5）新用户价格补贴

吸引新用户直接且有效的方法是提供价格补贴。许多用户不愿意花费时间去尝试使用新平台，这就是所谓的转换惰性。对于那些提供相同功能的新平台，如果无法通过差异化服务吸引用户，那么价格补贴有可能给用户带来转换动力。

对提供新产品或服务的平台来说，价格补贴不仅仅是对现有用户的激励，它的价值在于激活网络效应，让平台快速积累初期用户，并迅速扩大平台规模。例如，拼多多通过"百亿补贴"等营销策略，成功吸引了大量的消费用户和商家。

（6）多元化策略

多元化策略是指平台扩大其提供的产品或服务的范围，包括相关多元化策略和非相关多元化策略。相关多元化策略是补充已有产品或服务及其互补产品，这能直接触发间接网络效应，通过增加互补产品的种类和数量来提升用户效用。非相关多元化策略则是提供与原有产品或服务无关的新产品或服务。

　　无论选择哪种多元化策略，平台的业务范围扩展都将基于长尾效应来增加用户对新产品或服务的需求，从而提升平台的盈利能力。另外，平台通过多种服务满足用户的更多需求，也会增强用户对平台的黏性，从而实现锁定用户的目标。

2. 颠覆传统商业的新经济规律

　　在传统经济社会中，生产资料和资本是最基本也是最重要的生产要素。资源的稀缺性与无限需求之间的矛盾，导致成本递增和收益递减的规律在传统经济中起主导作用。受资源有限、交易成本增加、信息传递不畅和效率低下等的影响，企业不能无限制地扩大规模。同时，受到竞争条件的限制，企业难以对生产要素形成完全的控制。因此，在传统经济社会中，规模庞大的企业难以在特定领域内占据全部生产要素，也就是说，"赢者通吃"的现象几乎是不可能出现的。

> ### 数字经济发展的驱动力——数字
>
> 　　然而在数字时代，情况发生了巨大的变化。这个时代最基本且最重要的生产要素是数据，起主导作用的是收益递增和成本递减的规律。随着数字经济的规模效应、网络效应逐渐显现，以数据为核心的数字经济平台得以快速发展。

　　一方面，数字经济平台基于数据的创新，潜力无限。数字经济平台掌握的数据越多，拥有和控制的社会财富也就越多，也就越容易实现更高的经济目标。因为生产要素主要是数据和分析数据的算法，而非实物，所以数字经济平台有着无限扩张的可能。另一方面，数字经济平台对积累的数据具有高度垄断性。在收益递增和成本递减的规律下，数字经济平台将无成本限制地推广数字产品，迅速吸引用户，占据市场份额。最终，数字经济平台将对某一领域的数据占有转化为对市场的控制，形成独占某一市场的巨头。因此，可以说数据的无限性和高度的集中化造就了"赢者通吃"的局面。

如果上述经济规律和策略的应用是数字生态企业实现业务高速增长的基础，那么梅特卡夫效应、交叉网络效应以及"赢者通吃"的马太效应则使数字生态企业具备了向数字经济平台发展的潜力，这是数字生态企业市场地位得以进一步巩固的根本原因。

（1）梅特卡夫效应让数字经济平台价值最大化

梅特卡夫效应是指网络用户越多、价值就越大的现象。现在，这个现象解释了数字经济平台如何通过规模化来实现并强化零边际成本的效应。数字经济平台给消费者提供了很多无形的服务，这些服务具有零边际成本和低维护成本的优势，使得开发、销售和售后的过程成本较低。而且，数字经济的重要资源——数据可以重复利用，这使得平台型企业可以用更低的成本扩大生产。虽然传统经济会在边际收益等于边际成本时停止扩张，但是零边际成本的特性使得数字经济平台颠覆了这个逻辑，引发了梅特卡夫效应。领先的平台型企业通常依赖数据和用户数量等规模化优势分摊前期成本，实现超额收益。

例如，脸书（2021年，其母公司更名为 Meta）是全球最大的社交媒体平台之一，拥有数十亿注册用户。这个平台充分利用了梅特卡夫效应，通过规模化实现并强化了零边际成本的效应，为用户提供社交、信息分享、娱乐等服务。平台的服务成本和维护成本都很低。平台一旦建立，每增加一位用户对脸书而言几乎没有额外成本，但用户产生的数据却会给平台带来巨大的价值。随着用户数量的增加，脸书的价值呈指数级增长，每个新用户都带来了更多的社交联系和数据资源，增强了平台的吸引力和竞争力。这种正反馈循环使脸书在社交媒体市场占据且巩固了领先地位。从收益上看，通过收集和分析大量用户数据，脸书能够精准投放广告并增强广告效果，从而获得丰厚的广告收入。同时，脸书通过开发各种增值服务和应用（如游戏、电商等）拓展收入来源。这些增值服务不仅提高了用户的黏性和满意度，还为脸书带来了可观的收益。

> **边际成本和边际收益**
>
> 边际成本（marginal cost）指的是每一单位新生产的产品（或者购买的产品）带来的总成本的增量。这个概念表明每一单位产品的成本与产品总量有关。比如，仅生产一辆汽车的成本是巨大的，但随着生产规模的扩大，成本会逐渐降低，生产第100辆汽车的成本会比第一辆低得多，而生产第10 000辆汽车的成本就更低了，这是规模经济的效应。
>
> 边际收益（marginal revenue）是指增加一单位产品的销售所增加的收益，即最后一单位产品的售出所取得的收益。它可以是正值，也可以是负值。边际收益是企业进行决策时非常重要的参考指标，可以帮助企业判断是否需要增加或减少产量，以及如何进行产品定价。当边际收益大于边际成本时，企业可以考虑增加产量；当边际收益小于边际成本时，企业则应该考虑减少产量。

（2）交叉网络效应可使数字经济平台具有极高的竞争力

数字经济平台与传统平台有所不同，它涉及的是双边的网络市场，通过不断扩大规模，逐渐积累对市场的控制力。数字经济平台既是市场，又是企业。作为市场，它们利用先进的算法技术连接供需双方，建立信息优势；作为企业，它们利用数据和流量优势追求最大的利润。

交叉网络效应是数字经济平台最典型的特征，主要体现在商家和消费者通过数字经济平台进行交易时，各自的效用水平会受到另一方用户数量的影响。这也为平台型企业提供了更多获取数据的途径。数据作为关键的生产要素，可以帮助数字经济平台扩大市场规模，延伸企业边界，使非对称竞争成为可能。

例如，在亚马逊平台上，商家数量的增加为消费者提供了更多的商品选择，从而提升了消费者的购物体验。同时，消费者数量的增加也为商家带来了更多的潜在用户和销售机会，提高了商家的效用水平。这种正向的交叉网络效应使得亚马逊能够持续吸引更多的商家和消费者加入平台。作为交易平台，亚马逊能够收集大量的用户数据，包括消费者的购物行为、搜索历史、评价信息等，以及商家的销售数据、库存信息等。这些数据为亚马逊提供了深入了解市场需求和消费者偏好的机会，使其能够更好地调整平台战略、优化用户体验、提高购物转化率，从而具有更强的竞争力。

（3）"赢者通吃"的马太效应使得数字经济平台构建了高壁垒

平台规模形成后，大量的用户群体和海量的数字行为为数字经济平台提供了大量的数据信息。通过对关键数据的处理和分析，数字经济平台可以精确地找到改进商品和服务的方法。这为精准定位供应群体、区分目标用户、提升服务质量创造了技术条件。高精度的服务将继续吸引优质用户，从而让平台形成"赢家"格局。

数字经济平台通过在双边网络用户间广泛应用，建立了大规模的数据要素供给库，可以基于积累的海量数据和大数据算法，对新产业的市场需求、供求变动、行业动向进行精准研判和预测，为以主营业务为核心的平台向产业链上下游领域扩张做好充分准备。此外，头部数字经济平台经常利用用户的使用习惯和信任，通过技术手段和价格补贴，实现较低成本、较高效率的用户迁移，从而快速实现市场扩张。

例如，谷歌的搜索引擎平台拥有数十亿用户和海量的搜索数据。谷歌随着其平台规模的扩大，积累了大量的用户数据。通过深入分析用户数据，谷歌能够精准地识别用户的兴趣、需求和偏好，从而为其提供更加个性化的广告和内容推荐。这种精准定位不仅提高了广告的点击率和转化率，也增强了用户对谷歌平台的黏性和满意度。此外，谷歌还利用这些数据开发了一系列创新产品和服务，如谷歌翻译（利用大量语料库提供精准的翻译服务）、谷歌地图（结合用户行为和地理位置数据提供智能导航）等，进一步提高了其产品丰富度，增强了用户黏性，将用户进一步锁定在其产品和服务上。

3. 梅特卡夫定律的启示

梅特卡夫定律是一个关于网络的价值和网络技术发展的定律，以计算机网络先驱、3Com 公司的创始人罗伯特·梅特卡夫的姓氏命名。该定律的内容是：一个网络的价值等于该网络内的节点数的平方，而且该网络的价值与联网的用户数量的平方成正比。该定律指出，一个网络的用户数量越多，整个网络和该网络内的每台计算机的价值也就越大，表现为网络经济的高渗透率。

这个定律主要说明了一个网络的价值与其用户数量之间的关系。

梅特卡夫定律的意义

在网络中，每个用户都可以与其他用户进行连接和交互，从而形成一个庞大的网络。随着用户数量的增加，网络中的连接数也急剧增加，从而导致网络的价值呈指数级增长。这就是大型社交网络和在线平台能够产生巨大的价值，特别是经济效益的原因。

此外，梅特卡夫定律也解释了为什么网络经济具有如此高的渗透率。由于网络的价值与用户数量的平方成正比，网络中的每个用户都可以受益于网络规模的扩大，这也促进了网络经济的快速发展和普及。

需要注意的是，梅特卡夫定律虽然是一个重要的网络经济定律，但并不能适用于所有情况。在网络发展的初期，用户数量的增加可能会带来网络价值的快速增长，但当网络规模达到一定程度时，网络价值的增长速度可能会逐渐放缓。下面介绍梅特卡夫定律的验证过程。

梅特卡夫定律具有相当强的影响力，是网络效应的体现之一。但它也引起了许多争议，一些学者甚至说梅特卡夫定律是"错误的""危险的"，还提出了其他一些定律，如萨尔诺夫定律、奥德利兹科定律和里德定律。尽管有这些争议，但自 1993 年提出后，30 年来仍然没有任何基于真实数据的证据支持或反对梅特卡夫定律。这种情况在 2013 年底发生了变化，当时梅特卡夫本人使用脸书之前 10 年的数据验证了梅特卡夫定律。

2015 年，中国科学院计算技术研究所的学者张星洲、刘晶杰和徐志伟在《计算机科学与技术》上发表了一篇题目为 "Tencent and Facebook Data Validate Metcalfe's Law" 的短文，通过腾讯（中国最大的社交网络平台之一）和脸书（全球最大的社交网络平台之一）的实际数据，再次验证了梅特卡夫定律，即网络的价值与网络规模的平方成正比。研究结果表明：在网络效应的 4 个定律中，梅特卡夫定律与实际数据的拟合度最高；腾讯和脸书的数据都非常符合梅特卡夫定律；腾讯和脸书的成本与其网络规模的平方成正比，而非呈线性关系；腾讯和脸书的月活跃用户数量的长期趋势与 netoid 函数（一种数学模型，由梅特卡夫提出，用于描述网络中用户数量或节点数量随时间的变化关系）非常吻合。

网络的价值

　　腾讯和脸书作为大型社交网络平台，随着用户数量的增加，用户之间的潜在连接数量也会迅速增加，从而提高了网络的整体价值。这种互动和连接正是梅特卡夫定律所强调的，即网络的价值来源于用户之间的相互作用。

　　腾讯和脸书通过不断的技术创新和产品优化，为用户提供了更加丰富、便捷的社交体验，吸引了越来越多的用户加入，从而进一步提升了网络的价值。同时，这些社交网络平台也积极开发新的功能和服务，以满足用户不断变化的需求，从而保持了用户的活跃度和黏性。

　　传统企业可以从多个方面借鉴经验并制定相应策略，尤其是在建立平台型业务的过程中。

　　网络效应指的是随着网络规模的扩大，每个用户从网络中获得的价值也会增加。因此，发展互联网平台时，应注重扩大用户基数和提高用户参与度，以增强网络效应。可以通过优化用户体验、提高用户黏性和提高服务质量等策略来实现这一目标。此外，数据的作用也很重要。实际数据对验证网络效应理论具有重要意义，因此，我们应注重收集和分析数据，以便更好地了解客户需求和市场动态。盈利模式也是需要关注的重要方面。传统的基于使用量的盈利模式可能不适用于所有互联网平台，所以我们应积极探索适合自身特点的盈利模式，如广告、电商和会员等。另外，还需要注重合作与创新。例如，在产业互联网领域，合作与创新是推动平台发展的关键因素，平台通过与产业链上下游企业、科研机构建立紧密合作关系，共同推进技术研发，进行应用推广。

五、数字生态企业的竞争策略

看到这里，读者似乎能逐渐洞察数字生态企业成功的秘密，以及其保持不断增长的底层逻辑。但是，如此众多交织在一起的概念、理论以及效应，可能会让读者一时无法全部理解并掌握其精髓。

我们可以试着先理解亚马逊的飞轮效应，看看这家数字生态企业是如何成长并保持其长期竞争优势的。之后，我们再来理解网络效应在其中是如何发挥作用的。

1. 亚马逊的飞轮效应

吉姆·柯林斯基于多年的研究，在《飞轮效应》一书中指出，无论成就多么惊人，建立一家卓越企业从不会一蹴而就。过程中没有惊人的创新，没有幸运的突变，也没有奇迹的瞬间。相反，这个过程类似于持续地推动一个巨大且沉重的飞轮。

你一圈又一圈地推动飞轮，积累动力，飞轮转得越来越快。直到某个临界点，飞轮的重力和冲力成为推动力的一部分，你无须再付出更大的努力，飞轮会继续快速且不停地转动，势不可当。这就是飞轮效应。

我们今天讨论飞轮效应时，很自然地就会想到亚马逊。那么，亚马逊的"飞轮"是怎样形成的呢？在 2001 年秋天，杰夫·贝佐斯和他的管理团队在向柯林斯学习飞轮效应之后，开始构建亚马逊的"飞轮"。这个飞轮至今仍在运转，贝佐斯甚至将它称为企业成功的"秘密武器"。

亚马逊的成功使更多的人认识到了飞轮效应的力量。让我们通过图 1-2 所示的亚马逊的"飞轮"更深入地理解飞轮效应的运作原理。

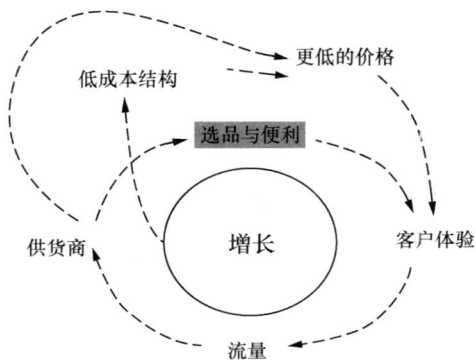

图 1-2　亚马逊飞轮效应的运作原理

亚马逊飞轮效应的形成过程

亚马逊的"飞轮"包括 5 个变量：客户体验、流量、供货商、低成本结构和更低的价格。

飞轮效应的逻辑是，优质的客户体验会增加流量，更多的流量则会吸引更多的供货商。这些供货商提供多样的产品，进一步提升客户体验。同时，由于规模扩大，亚马逊的运营成本可以在更多的供货商中分摊，实现低成本结构。低成本结构会带来更多的收益，这些收益可以用于进一步降低价格。更低的价格再次提升客户体验，形成良性循环。

从 2001 年到现在，亚马逊一直在不断地实践和迭代这个飞轮模式，包括将 AWS（亚马逊网络服务）对外。对亚马逊来说，做零售和提供 AWS 是同样的道理：提供更好的客户体验，吸引更多的流量，引入更多的供应商，利用规模效应降低成本，提供更低的价格，这样循环往复。尽管亚马逊的飞轮模式有一些版本上的变化，但其本质从未改变。

"飞轮"背后的逻辑是什么呢？

首先，"飞轮"运作的本质是系统动力学的增强回路，各节点相互增强，节点之间存在着紧密的因果关系。"因"增强了"果"，"果"又反过来增强了"因"。这就是增强回路，即正反馈循环。

正反馈循环

正反馈循环是指系统中某个因素的增长促进其他因素的增长，形成自强化的循环。网络效应中，平台的吸引力和价值随着用户数量的增加而增加，从而吸引更多用户加入。例如，TikTok 用户数量的增加会吸引更多内容创作者加入，发布更多高质量内容，进一步吸引更多用户。这种正反馈循环使 TikTok 得以快速发展。

增强回路可以作为良性循环的驱动力，可以将其称为成长引擎。为了发挥这种引擎的作用，需要掌握如何激发节点相互增强，以及如何保持持续运转的动力。

其次，"飞轮"的结构体现了业务的本质。亚马逊的案例有助于我们理解阿里巴巴和拼多多的飞轮模式。尽管它们之间存在差异，但核心都是满足消费者的需求：多、快、好、省。阿里巴巴以商品多样性为切入点，拼多多以价格优惠为切入点，吸引流量和商家，降低成本，实现快速送货、商品多样和价格优惠，提升客户体验，实现正向增长。因此，"飞轮"的结构表明，它并不代表某一具体的业务形态、产品形态，或创新的数量，而是代表企业存活的底层逻辑。

飞轮需要持续注入动力并进行迭代。那么，如何保持飞轮的动力呢？飞轮会一直保持不变吗？不可否认的是，随着时间的推移，飞轮的运行路线会发生变化。因此，企业需要根据实际情况进行相应的调整。

2. "赢者通吃"的市场法则

从网络效应的作用机制来看亚马逊的飞轮效应，它就是一个非常完美的现实实践。

前文提到过，网络效应是指网络的价值随着用户数量的增加而呈指数级增长的现象。网络效应的作用在于吸引越来越多的用户到平台上来，从而增强平台的竞争力。这种网络效应使得双边用户群体越来越大，达到网络规模临界值。如果网络规模没有达到临界值，市场就会萎缩甚至变为零；一旦超过临界值，就会表现出很强的网络效应，引发正反馈循环，从而产生用户锁定效应，增加转换成本，带来"赢者通吃"的市场现象。网络效应的作用机制如图 1-3 所示。

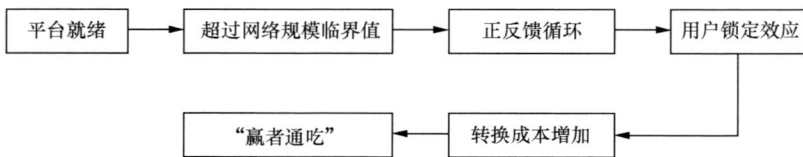

图 1-3　网络效应的作用机制

对照亚马逊的"飞轮"可以看出，亚马逊在初始阶段，通过提升客户体验增加流量，以尽可能达到网络规模的临界值。随着网络规模不断扩大，当超过临界值时，更多的用户吸引了更多的供货商加入平台，形成正反馈循环，即形成了增强回路。

同时，亚马逊通过不断扩大规模、分摊运营成本并优化成本结构，使用户能以更低的价格购买到相同的商品。这种持续增强的体验使得用户愿意继续在亚马逊平台上购物，从而实现了用户锁定效应。亚马逊平台不断记录用户的消费偏好，并形成更好的商品推荐机制和个性化服务，良好的体验降低了用户离开平台的意愿，增加了用户转换成本。

通过这个增强回路的不断作用，亚马逊最终在电商市场形成了"赢者通吃"的局面。

到此，我们已经了解了数字生态企业所具有的相关特性，以及基于这些特性所能延伸出的竞争策略。这里再次进行汇总和分析，得出以下基本原则。

数字生态企业业务构建的基本原则

第一个基本原则：数字生态企业提供具有网络效应的服务，正是这种服务带来的正反馈循环成为这类企业增长的动力源泉。

第二个基本原则：数字生态企业通过补贴或激励机制迅速积累用户，甚至在某些情况下，利用免费价格策略，使平台迅速突破网络规模临界值，以吸引更多用户，实现业务高速增长。

第三个基本原则：这类企业的服务对用户有锁定效应，并通过提供更多服务的方式增加用户黏性。

这3个基本原则将成为本书给出的所有策略的出发点。

为了让读者更加容易理解这3个基本原则，下面以腾讯的案例进行解读。

（1）数字生态企业的服务具有网络效应

腾讯拥有众多产品和服务，包括微信、QQ、QQ音乐、腾讯云、腾讯视频、腾讯新闻等平台，构建了一个庞大的生态系统。微信和QQ作为社交应用，拥有庞大的用户群体，随着网络规模的扩大，每个用户的价值不断增加，这完全符合网络效应的定义。这些平台之间还可以相互引流和协同，用户在这些平台上不仅可以与朋友、家人和同事保持联系，还可以享受到各种便捷的服务，如支付、购物、娱乐等。这种网络效应吸引了越来越多的用户加入。腾讯的平台越大，就能够提供越多的价值和服务，进而吸引更多的用户和内容生产者，形成正向的网络效应。

（2）数字生态企业通过补贴迅速积累用户

腾讯在构建生态系统的过程中，通过补贴迅速积累用户。腾讯在进入新的领域或推出新的产品时，通常会采取低价甚至免费的策略，以吸引用户和抢占市场份额。例如，在移动支付领域，腾讯通过赞助春晚等活动进行品牌曝光，并在春晚直播过程中推出"摇一摇抢红包"活动，吸引了大量微信支付用户参与；在游戏领域，腾讯以提供游戏道具、优惠券等方式来吸引玩家。这些补贴策略帮助腾讯迅速积累了大量用户。

（3）数字生态企业的服务对参与者有锁定效应

腾讯的生态系统涵盖社交、娱乐、支付、云服务等多个领域，用户可以在这个生态系统中享受到一站式的服务。这种全面的服务使得用户很难离开腾讯的平台，因为转换到其他平台可能需要放弃在腾讯生态系统中积累的关系和数据。又如，微信不仅是一个社交软件，还是一个生活服务平台，用户可以在微信上进行聊天、支付、购物、出行、娱乐、学习等活动。这些平台型业务让用户对腾讯的生态系统产生了很强的依赖性。

腾讯作为数字生态企业，充分利用了网络效应、补贴策略和锁定效应等优势，成功构建了一个庞大且稳固的生态系统。这个生态系统为腾讯带来了巨大的商业价值。

当然，满足这3个基本原则的数字生态企业还有很多，举例如下。

1）苹果公司：苹果公司通过将其硬件和软件产品紧密结合，形成了独特的生态系统。在发展过程中，苹果公司通过创新的产品设计和优质的服务迅速赢得了用户喜爱。在 App Store 发展的早期，苹果公司通过激励机制吸引了众多开发者为其提供各种应用。它通过封闭的 iOS 和丰富的应用生态形成了用户锁定效应。

2）TikTok：TikTok 凭借其短视频分享平台的网络效应和算法推荐的精准性，迅速在全球范围内积累了用户。在构建过程中，TikTok 通过创新的视频创作工具和创作者基金等激励措施吸引了大量用户。它通过独特的视频观看体验和用户黏性形成了用户锁定效应。

3）LinkedIn：LinkedIn 作为职业网络社交平台，通过其网络效应将全球的职场人士连接在一起。在初创时期，LinkedIn 通过免费的职业社交服务和创新的招聘功能，迅速获得了用户的信任。它通过丰富的职业信息和独特的招聘机制形成了用户锁定效应。

4）滴滴出行：滴滴出行凭借其便捷出行服务的网络效应，将乘客和司机紧密连接在一起。在构建过程中，滴滴出行通过补贴和便捷的叫车服务迅速积累了用户。它通过高效的出行体验和广泛的覆盖范围形成了用户锁定效应。

5）美团：美团通过其外卖、团购等多样化的服务形成了本地生活服务的生态网络效应。在初创时期，美团通过价格补贴和优质的服务迅速赢得了用户喜爱。它通过丰富的服务选择和便捷的购物体验形成了用户锁定效应。

6）大众点评：大众点评作为餐饮和娱乐服务的评价平台，通过其网络效应将消费者和商家紧密连接在一起。在构建过程中，大众点评通过免费的评价服务和优质的内容创作迅速积累了用户。它通过可信赖的评价体系和广泛的用户群体形成了用户锁定效应。

| 本章小结 |

本章分析了产品型企业、平台型企业和数字生态企业在数字时代的竞争力关键点，揭示了数字生态企业实现业务高速增长的原因。这类企业拥有独特的竞争优势，包括网络正外部效应、用户锁定效应、规模经济、先发优势、价格补贴和多元化策略，因此在效率上优于其他两类企业。

此外，由于数据这一独特的生产要素的存在，数字生态企业展现出了与传统企业完全不同的经济规律：随着业务的扩张，边际成本递减，而边际收益递增。这突破了传统的经济规律，是数字生态企业能够在市场中实现"赢者通吃"的根本原因。

最后，总结了数字生态企业快速发展的 3 个基本原则：提供具有网络效应的服务、通过补贴或激励机制迅速积累用户，以及对用户产生锁定效应。传统企业可以利用这些规律，在数字化转型过程中进行业务模式创新。

第二章
传统企业的数字化转型

如果平台是一个大集贸市场，那么平台生态就是在这个市场中做买卖的人群形成的。光有一个市场不行，还需要让更多的人参与进来。

1 我们常听说的平台生态模式，究竟是什么模式？

2 如何理解平台生态的"去中心化"特性？

3 传统企业如何实现从传统产业互联网范式到平台生态范式的转变？

很多企业家认为，基于平台开展业务只适合那些新兴的互联网产业，尤其是在消费互联网领域。但这是"以过去的经验来评判未来"。

在数字经济中，未来企业将完全数字化，通过智能化方式进行生产、运营和为用户提供服务。商业运作机制与传统企业类似，但方式和手段将发生巨大变化。线下业务将逐步融入线上，用户交流通过即时通信工具、VR（虚拟现实）、AR（增强现实），甚至全息数字呈现。智能语音助手将无处不在，为用户提供各种建议和服务。工厂将完全自动化，利用物联网和机器学习调整产能以适应用户需求和市场反馈。社交媒体会在市场营销中扮演更重要的角色，算法可以帮助用户快速发现感兴趣的产品。云计算和大数据技术可促进全球科研协作，自动化实验室和机器人将协助提高科研生产力。

那么，背后连接各个企业进行协作的系统或者平台是什么呢？答案是今天我们看到的和即将诞生的那些基于数字平台的商业生态系统。同一行业或者产业的许多企业将通过一套共同遵循的协作机制工作，跨产业、跨行业的大规模协作将会随处可见。随着人工智能的加持与数字基础设施的完善，整个社会将被紧紧连接在一起。

行业巨头在未来的世界中仍然有着重要的影响力。中小型企业将利用数字化方式与行业巨头合作，为它们开发新产品和提供服务。领先的企业需要在技术和模式上创新，以保持领先地位。当下，市场竞争激烈，产业领导者必须在数字化商业环境中占据主导地位，否则很容易被新竞争者取代。

因此，希望未来的企业家们在当下认真研究平台和生态的理念，做好在数字化的世界中继续竞争的准备。

一、平台与生态

在本书中，"平台"被定义为基于信息通信技术，能提供在线服务并集成多种功能的数字平台。它是一种通过计算机网络和软件系统，为用户提供各种数字服务、资源和工具的虚拟空间。平台通常具有集成、互联、用户体验良好、数据驱动、创新、生态系统庞大以及可扩展和灵活等特性，能够连接各种用户、数据、应用程序和服务，实现多方互动和价值创造。

在确定平台的商业模式之前，需要对平台型业务进行分类。

平台按照在各个领域的应用，可以分为电商平台、云计算平台、社交媒体平台等，它们为用户提供各种功能和服务，促进资源共享、交流合作和商业创新，推动数字经济的发展和变革。数字化平台是当今社会的重要组成部分，它的出现和发展改变了人们的生活方式、商业模式和社会结构。

1. 平台类型解析

本书参考了美国麻省理工学院斯隆管理学院教授库苏马诺等人所著的《平台经营：数字化竞争、创新和权力时代的战略》（*The Business of Platforms: Strategy in the Age of Digital Competition, Innovation, and Power*）一书，将平台分为以下 4 类。

1）交易型平台：这类平台主要面向消费者和商家，提供在线交易、支付、物流等服务，它们通过连接买家与卖家实现商品和服务的在线交易，提升交易效率和购物体验，如淘宝、亚马逊、拼多多等。

2）社交型平台：主要面向用户，提供在线社交、信息分享、娱乐等服务，它们允许用户创建个人资料、建立社交网络，并分享各种信息。社交型平台强调用户之间的互动和社区建设，通过提供丰富的社交功能，增强用户的黏性和活跃度，如微信、新浪微博和 QQ 等。

3）创新型平台：主要面向创新者、开发者、创业者等，提供技术支持、资源共享、合作创新等服务，包括科技创新平台、开发者平台等。这些平台，如腾讯云、阿里云和GitHub等，通常拥有丰富的技术资源和开发者社区，为创新者提供技术支持和合作机会，推动新技术和新应用的研发、推广。

4）内容型平台：主要面向内容创作者和消费者，提供内容创作、发布、分享、变现等服务，包括内容分发平台、在线教育平台等。这些平台，如知乎、哔哩哔哩和爱奇艺等，允许创作者上传和分享文章、视频、音频等各种形式的内容，并通过推荐算法将内容推送给感兴趣的用户。

这些分类并不是绝对的。随着技术的发展和市场的变化，数字化平台的形态和功能也在不断地演化、扩展。但无论如何变化，平台的核心都是为用户提供便捷、高效、有价值的服务，满足用户的需求和期望。

2. 平台商业模式比较

我们从服务价值、业务形态、服务对象、收入来源和产品形态这5个维度对这4类平台的商业模式进行比较，见表2-1。

表 2-1　平台的商业模式比较

对比项	交易型平台的商业模式	社交型平台的商业模式	创新型平台的商业模式	内容型平台的商业模式
服务价值	提供在线交易，降低交易成本，增加便利性	提供用户之间的连接和互动，增强社交体验和信息传递	提供技术支持和创新解决方案，助力个人创作，助力企业实现创新和数字化转型	提供丰富的音频、视频内容和互动娱乐体验，满足用户的精神需求
业务形态	电商平台、在线零售平台、拍卖网站等	社交媒体应用、社交网络、即时通信工具等	云计算服务提供商、人工智能平台、众包平台等	视频网站、音频平台、直播平台等
服务对象	买家和卖家	个人用户、企业用户	创新者、开发者、创业者等	内容创作者、广告主和观众/听众
收入来源	交易佣金、广告费用、会员费用等	广告费用、付费增值服务、虚拟商品销售等	技术服务费用、订阅费用、项目合作费用等	广告费用、会员费用、订阅费用、版权收益等
产品形态	商品展示、交易平台、支付系统、物流服务等	用户个人资料、社交关系网络、互动功能等	技术基础设施、开发工具、API（应用程序接口）等	内容制作和播放平台、创作者工具、推荐算法等

表 2-1 总结了各类数字化平台在商业模式上的主要特点，下面逐一进行解释。

（1）交易型平台的商业模式

交易型平台主要通过收取交易佣金、广告费用、会员费用等来盈利。它们为买家和卖家提供安全、高效的交易环境，并通过技术和数据分析提高交易匹配的效率和准确性。例如，电商平台可能会向卖家收取商品上架费、交易佣金或广告费用，而买家则可能需要支付一定的交易手续费或会员费用。

（2）社交型平台的商业模式

社交型平台的收入来源包括广告费用、付费增值服务、虚拟商品销售等。它们通过吸引大量用户并建立活跃的社交网络，为企业用户提供广告投放的平台。同时，社交型平台也可能提供付费增值服务，如 VIP 会员服务、专业咨询等，以满足用户的个性化需求。此外，虚拟商品销售也是社交型平台常见的盈利模式，如销售虚拟礼物、游戏道具等。

（3）创新型平台的商业模式

创新型平台的商业模式通常包括技术支持、资源共享和合作创新。它们通过提供先进的技术支持和资源共享，帮助创新者降低创新成本、加速研发进程，并通过合作创新实现技术突破。创新型平台的收益可能来自技术服务费用、订阅费用、项目合作费用等。

（4）内容型平台的商业模式

内容型平台的收入来源主要包括广告费用、会员费用、订阅费用、版权收益等。它们通过吸引大量的内容创作者和消费者，为广告主提供广告投放的平台。同时，内容型平台也可能提供付费内容订阅服务，如 VIP 会员服务、专业内容等，以满足用户的个性化需求。此外，版权收益也是内容型平台的一种重要盈利模式，平台通过合法授权和分发内容创作者的作品获得收益。

请注意，这些商业模式并不是彼此孤立的，平台可能会采用多种模式来盈利。例如，一个平台可能既收取交易佣金，又通过广告投放获得收益。此外，随着技术和市场环境的不断变化，也可能对商业模式进行调整和创新。

3. 对平台生态化的理解

"生态"这个词来自生态学，生态学中也提到了生态系统。生态系统具有快速恢复的能力、自适应能力（或弹性），即具有保持自身惯性的能力，同时能适应外部冲击，还具有内在演化的生成能力。

> **平台生态**　　本书认为，当企业或组织希望通过数字化平台构建一个生态系统时，就是在做平台生态化，具有这样平台性质的生态被称为平台生态。利用这种生态优势所构建的业务模式被称为平台生态模式。

更具体地说，平台生态是指一个平台及其相关的各种组成元素之间相互作用、相互影响所形成的有机整体。在这个生态中，平台作为核心，通过提供基础设施、服务、规则等吸引并聚集了各种类型的参与者，包括用户、开发者、合作伙伴等。这些参与者通过平台进行互动、交流、合作，共同创造价值，进而推动平台生态的发展。

从第一章中，我们了解到有 3 种类型的企业：产品型企业、平台型企业和数字生态企业。建立数字生态企业的本质就是通过构建生态协同机制下的平台服务，最终建立独特的商业生态系统。

平台型生态系统的商业模式有时会被称为平台经营模式，是当今许多体量大、成长快的厂商组织成功的基础。这些厂商组织包括阿里巴巴、腾讯、苹果、谷歌、亚马逊、微软等，它们都通过平台经营模式实现了业务高速增长。

然而，讨论如何成为微软、谷歌等这样的技术创新型企业并非本书的核心目标。本书旨在帮助传统产业中的企业，特别是正在进行数字化转型的企业，在转型过程中实现多级跨越，最终成为数字生态的领导者。

4. 平台生态与数字生态的差异

平台生态和数字生态虽然有一定的关联，但它们的概念不完全相同。

平台生态主要是指基于互联网技术，通过连接不同用户、产品和服务，形成各个部分相互依存、共同发展的生态系统。它具有开放性、共享性、连接性和动态性，且平台提供商在其中扮演着重要角色，负责平台的运营和维护，提供技术支持，并制定规则以保障生态系统的稳定和持续发展。平台生态更侧重于描述一个以平台为核心，多主体共同参与的商业或社会经济环境。

数字生态则是在数字时代，由政府、企业和个人等社会经济主体，通过数字化、信息化和智能化等技术，进行连接、沟通、互动与交易等活动，从而形成的社会经济生态系统，它是传统商业生态系统在数字化时代的发展和延伸。它更强调数据在整个生态系统中的流动和循环，以及各主体间的相互作用。数字生态涵盖更广泛的概念，不仅包括平台提供商和用户，还涉及政府、企业和个人等多个主体。

由此可见，数字生态的范围比平台生态更广。虽然平台生态和数字生态的内涵并不一样，但是传统企业通过建立平台生态进一步建立和发展数字生态是目前的最佳实践。本章着重通过平台的视角来解释生态系统的构成，

第七章将基于更广阔的领域讲述如何构建数字生态。

二、消费互联网：生态化差异

平台型企业与数字生态企业的业务差异不但存在于采用平台经营模式的企业与传统企业之间，还存在于消费互联网厂商之间。

平台型企业与数字生态企业的业务差异

平台型企业与数字生态企业二者构建的数字平台有着本质的区别：平台型企业利用数字平台开展数字化业务，其核心目的不一定是构建生态；数字生态企业则是使用数字平台建立与用户或合作伙伴的连接，通过共创、共享的机制来构建数字化的生态体系。

1. 传统视角下的平台模式

早期互联网企业在其发展过程中，遵循的是传统业务发展逻辑，围绕主营业务进行平台的战略制定、业务规划、服务开发、运营支撑、技术系统搭建等。它们发展平台的目的是让主营业务本身运转起来，平台只是主营业务的线上延伸。

▶▶ 京东的平台模式

众所周知，京东的零售业务以自营为主，这些自营商品是由京东作为销售方提供的，很多消费者更愿意在京东购买其自营商品。与之相对的，淘宝平台上所有的商品都是由商家提供的，淘宝不直接参与销售。京东的自营模式如图 2-1 所示。

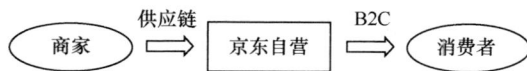

图 2-1 京东的自营模式

京东的自营模式就好比一个线上的沃尔玛，京东需要像传统商超一样去经营商品和服务消费者，商家在京东自营的业务中扮演的是供应商而非服务提供者的角色。京东为了促进商品交易总额的增长，采取的是与传统商超类似的用户体验提升方案。

比如，京东通过增加商品种类和数量来满足消费者需求。京东注重每个环节的购物体验，包括网站设计、搜索功能、支付方式、物流配送等。京东简化购物流程，提供多种支付方式，加强售后服务，以提高消费者满意度。京东通过广告投放、促销活动（如"618"促销、"双 11"促销等）、社交媒体营销提高品牌知名度并吸引消费者。京东还建立了自己的物流体系，提高配送效率和服务质量。京东与供应商建立长期合作关系，确保商品质量和供应稳定性。京东投入技术研发，提高平台技术水平和创新能力，利用人工智能和大数据技术为消费者推荐合适的商品，以提高销售额。

2. 生态视角下的平台模式

从数字生态企业的角度来看，它构建平台的核心目标不是业务本身的增长，而是激发网络效应。

接下来以拼多多为例来解释这一视角下发展平台型业务的方式。

➤➤ 拼多多的平台模式

拼多多是一家知名的电商平台，将社交与电商相结合，通过用户分享、拼团、助力等方式在社交媒体平台上进行商品推广和销售。拼多多主打低价商品，通过大量采购和与厂商合作来降低商品成本，以更低的价格将其销售给消费者。

同样是电商平台，拼多多采取了与京东不同的社交电商模式，涉及以下几个方面。

● 拼多多利用微信这个庞大的社交网络平台，通过小程序和公众号等渠道让用户可以方便地在微信中发起和参与拼团，分享商品链接给好友或者群聊，从而实现用户的社交裂变和口碑传播。

● 拼多多通过低价团购的方式，吸引了大量的价格敏感型消费者。他们更注重性价比，倾向于购买价格较低的商品，可能对品牌要求不高，更追求实用和实惠。

● 拼多多利用 C2B 的模式，先由用户发起拼团，然后再由商家根据拼团商品的数量和规格来生产、发货，从而减少了库存和中间环节的成本，降低了商品的价格，提高了商家的效率和利润。

● 拼多多通过"百亿补贴"的战略，即针对一些大牌商品提供超低的团购价格，吸引了更多的中高端用户，提升了拼多多的品牌形象和用户黏性。

拼多多通过社交电商模式来激发网络效应，同时吸引更多的消费者和供应商进入平台，这种模式的效率比京东自营单独拉动消费端和引入供应商更高。在这种方式下，拼多多可以投入更多资源来吸引消费者，而不必在商品提供等服务环节投入。拼多多更加注重对消费者的"汇集"而非提供商品，通过低价团购等方式对特定消费人群形成"锁定"，让消费者产生持续的黏性，并促使消费者与供应商之间展开"直接"交易，从而带动平台的发展，如图 2-2 所示。

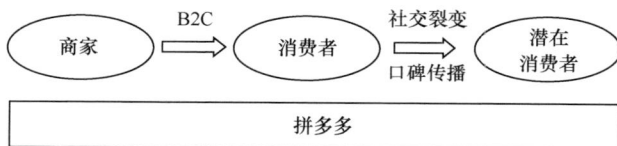

图 2-2　拼多多的电商模式

何时构建平台生态

当适合在由双边或者多边引发的网络效应下构建平台时，就应该优先通过激发网络效应来建立平台，因为这样的平台将会具有生态系统特性，更有利于快速发展平台型业务。

本书后文将会介绍这一建立过程和相应的策略。当下必须明确的是，我们不能期待建立了数字化平台就同时拥有了生态系统，不同的构建方式会引发不同的结果，我们应该审视之前在传统模式下构建消费互联网平台的策略是否已经失效。

三、产业互联网：范式转移

相对于消费互联网，在产业互联网中构建生态难度会更大吗？

由于多数人对平台生态的理解存在差异，加之产业互联网与传统产业紧密相关，在传统产业生态理念下，经营者对传统产业如何建立平台生态就容易产生更大的认知偏差。

这种认知偏差不但不能让我们汲取消费互联网平台的成功经验，还会让我们误认为在传统产业建立与电商平台类似的平台，就可以产生消费互联网汇集多方参与者的效果。

避免构建产业互联网的陷阱

如果这样的认知不被修正，我们所面临的风险就是不断建立产业互联网平台，且不断失败。为此，我们需要将传统产业互联网范式与消费互联网的平台生态范式进行对比，区分两种平台运作的机制，从而采用更为有效的平台战略，让传统产业更快地实现平台生态化。

为了更好地理解范式转移，接下来讲解什么是范式。

范式是一个科学哲学的术语，英文是 paradigm，源自希腊文，字面意思大概为"共同显示"。笼统地讲，它指的是一种特定的模式、标准或范例，是人们在特定领域内进行思考、交流和行动的基础。

范式的概念和理论，由 20 世纪美国著名科学哲学家托马斯·库恩在他的代表作《科学革命的结构》一书中正式提出和阐释。在他看来，范式就是一种公认的模型或者模式，是所在共同体成员共同信仰的价值观、开展工作共同遵循的标准规范，是指导群体的行为准则和世界观。

范式转移

库恩提出了一种开创性观点，认为历史上的科学革命本质上是"范式转移"，是少数人发现现有的范式理论无法解释的一些例外，进而尝试用新的理论取而代之，逐渐替代原有的范式，最终确立新的范式结构。

当然，范式转移这一过程并不是一蹴而就的，而是需要不断验证、不断试错，最终赢得绝大多数科学家的支持。

1. 传统产业互联网范式

产业互联网与消费互联网发展了几十年，从表面上看，产业互联网平台的内容、参与者、交易方式与消费互联网平台没有本质上的不同，甚至无法分辨一个面向传统产业的电商平台在用户体验上与淘宝或 1688 这样的平台有何明显区别，但实际上它们属于不同的范式。

产业互联网的定义与作用

当前对产业互联网的定义范围比较宽泛。从广义上看，是从消费互联网向产业上游延伸，涵盖从农业、工业到消费端的整个产业链；从狭义上看，可以理解为一种 B2B 模式，即企业对企业的交易服务的延伸。产业互联网平台的作用体现在产业链上下游企业间的业务协作，如采购、物流、生产制造、供应链协作、渠道分销等。

传统产业互联网平台更多的是围绕产业链及其供应链来提供服务，其客户目标指向产业下游的最终客户或者消费者。

平台作为原有产业链核心业务的服务平台起到支撑作用，以链主企业为核心的传统产业互联网范式如图 2-3 所示。

在这种范式中，有对产业链起主导作用的链主企业（有时也被称作核心企业）、产业链下游的客户，以及上游的供应商和下游的分销商。还有一部分相关企业如仓储物流企业、金融机构等，则围绕产业链提供服务。这种产业互联网平台的目标是不断提升产业链的协作效率，并降低整体运作成本。

接下来以中国宝武钢铁集团有限公司（以下简称"中国宝武"）的欧冶

云商为例进行分析。

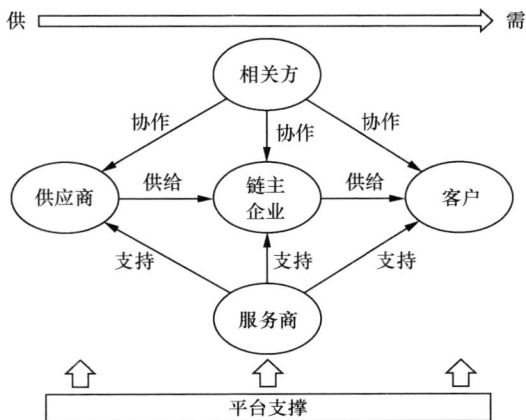

图 2-3　以链主企业为核心的传统产业互联网范式

≫ 欧冶云商的传统产业互联网范式

作为钢铁产业互联网平台，欧冶云商整合了交易、仓储、运输、码头、加工等服务资源，为钢铁产业链上的合作伙伴提供综合性服务，提高了各环节的效率。

欧冶云商的主营业务包括互联网服务、互联网交易、物流服务和其他交易及服务。互联网交易类服务主要通过欧冶云商综合平台、东方钢铁循环宝在线交易平台、欧冶采购 MRO 交易平台和欧冶国际跨境交易平台进行。物流服务则以线上欧冶云商物流平台为核心。其他交易类服务主要涉及不锈钢交易和互联网技术及知识服务。

欧冶云商的控股股东是中国宝武，欧冶云商业务规模增长迅速离不开中国宝武的支持，但也存在对控股股东的依赖。欧冶云商所处的钢铁产业链中，链主企业是中国宝武；欧冶云商是这个产业链的产业互联网平台，中国宝武对欧冶云商有业务扶植的作用，欧冶云商对中国宝武的产业链协作起支撑作用。

总体来看，在传统产业互联网范式下，平台的发展更加依赖该产业的链主企业。由于产业服务的固有模式，参与产业链协作的各方更多地将原有的线下业务转移到线上。与此同时，平台有明确的产业链协作方向，整个平台都是为产业链下游客户提供服务的。平台参与者，如供应商、服务商等，担任的角色相对稳定，不会频繁变化。

2. 平台生态范式

平台生态范式，则采取了完全不同的路径来实现产业链的协作。平台生态的基本概念在前文已经讨论过，它是指通过创造双边或者多边市场促进各个参与方参与交易来获取增值收益的平台模式。

平台生态的最大价值

平台生态的最大价值是创建了多方之间的"连接"，促使交易成本下降，引发网络效应，从而带来业务爆发式增长。

在发展过程中，平台生态通过不断吸引各方参与者并扩大业务范围，渗透到产业链的各个环节中，最终实现全产业链的覆盖。

平台作为所有参与方的中介，起到传递信息和撮合交易的作用，平台生态的范式如图 2-4 所示。加入平台的每个参与方不是按供应方或者需求方进行明确区分的，而是逐渐演化成既是需求方又具有其他身份的角色。

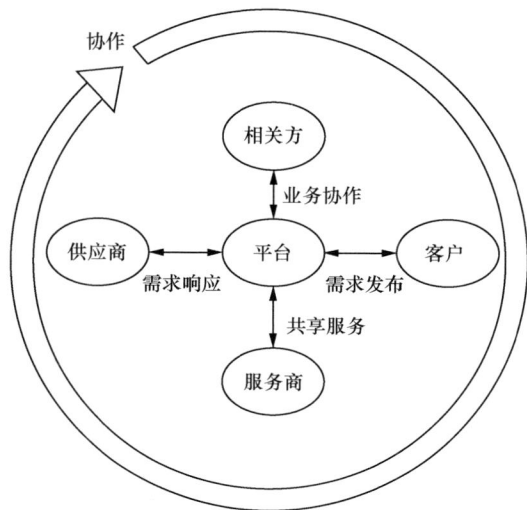

图 2-4　平台生态的范式

>> 滴滴出行的平台生态发展方式

以滴滴出行为例，滴滴出行在进入出行这个行业时，不是以链主企业身份出现的，而是通过连接出租车司机与出行者提供出行业务的。在滴滴出行成立的初期，缺少此行业中的重要参与者（如大型出租车公司）的支持。不过，这并没有影响滴滴出行后续的发展，它通过在出租车司机与出行者之间建立双边的交易市场，让出行者寻找出租车这件事的难度下降，降低了交易成本，从而引发了网络效应，大量的司机和乘客进入，这促使滴滴出行快速成长。同时，滴滴出行上的用户角色并不固定，在滴滴出行上打车的消费者可能会转变为顺风车的车主，摇身一变成为这个平台的供应方。

总体来看，在平台生态范式下，平台起初仅作为各方参与交易的"中介"，在产业链中起到"连接"或者"黏合剂"的作用。产业链中原有的链主企业没有直接参与平台建设，而是依靠平台自身的黏性服务吸引各方参与者加入平台，通过不断增加新业务逐步拓展产业链的各个方面，最终形成产业链的协作。同时，平台的参与者角色并非始终固定，某个时刻可能会发生转变。

3. 传统产业互联网范式与平台生态范式的对比

虽然采用这两种范式建立的产业级平台都能够实现产业链的业务服务，提高协作效率，降低成本，但是它们的很多特性仍存在差异。这两种范式的对比如表 2-2 所示。

表 2-2　传统产业互联网范式与平台生态范式的对比

比较项	传统产业互联网范式	平台生态范式
平台性质	以产业价值链为导向、单一方向（从供应端到需求端）的传统产业互联网平台，承载了原有产业链的一部分业务	以创建多方之间的"连接"为核心，其价值是创造多方交易市场，平台本身不直接参与产业链原有的业务服务
构建条件	需要链主企业的业务保障，需要一定的强制力约定各方通过平台来进行业务协作	以市场行为为主导，通过提供黏性服务将各方吸引到平台上，满足各方需求之后再获取商业价值
客户定位	平台所处产业链的链主企业是平台的核心客户	平台每个参与角色都是平台的客户
收入来源	作为链主企业的业务支撑平台，本质上是为产业链的生产制造、采购、物流等业务提供支撑服务，独立开展商业化运营的机会较少	除了作为业务的支撑平台，还有多种衍生的服务收入可能性。平台目标是建立多边市场，不限定平台初始的服务边界
启动方式	依赖链主企业的影响力或行政命令	需要冷启动或通过其他相关平台衍生
所属权	从链主企业来看，平台应该属于"私有化"，等业务成熟后才向上下游供应商进行赋能，进行对外的服务	由于不涉及"强制性"使用，平台不属于某个产业链的链主企业，链主企业可接受其独立于本企业之外，或者无法对其进行直接掌控

（1）平台性质

传统产业互联网范式更多的是以产业价值链为导向来建立的，为了满足从供应端到需求端的业务协作需要，整个平台有明确的业务流方向（即上下游），平台本身就是用于支持链主企业完成产业链中供应链协作的。无论平台是交易类、物流服务类、采购类还是信息交互类，其本质都是一样的。

而平台生态范式建立之初就是为了创建"连接"，通过某种服务吸引某几方参与者进行协作，平台是支持参与者相互协作的保障。所以，平台生态范式不会仅仅把当前的客户方作为最终服务对象，而是对进入平台的每一方都尽可能地提供服务，并获取服务价值收益。

（2）构建条件

多数的传统产业互联网范式在构建之初都有链主企业参与，或者依赖某种强制力进行平台推广。在许多大型工业互联网平台上，我们可以看到它们的主要支持方都是背后的链主企业，平台是在为链主企业上下游服务的过程中发展起来的，如中国宝武的欧冶云商、三一重工的树根互联及航天科工的航天云网等。

而平台生态范式在某种程度上更具有"草根"特性，初期往往无法直接得到产业巨头的"扶植"，只能通过黏性服务来获取更多客户，吸引更多相关方进入平台，促使平台形成单边、双向或者多边的协作关系，如微信、滴滴出行和美团等。

（3）客户定位

由于传统产业互联网范式依赖产业链的链主企业，因此平台的核心客户就是这个链主企业。无论这个平台如何发展，都会以这个链主企业的相关业务作为平台的主营业务和收益来源，平台能力也是链主企业能力的延伸。这背后的原因在于产业互联网平台是基于链主企业的业务发展起来的，除非这个平台未来脱离了链主企业的支持，走上独立发展的道路。

而平台生态范式在设立之初缺少链主企业的支持，无法迅速地大规模扩张，快速获取大量最终客户，进而优先服务那些最有可能为平台创造收益来源的客户。平台汇集大量客户之后，会围绕主要客户拓展其业务边界，提供更多的服务。

（4）收入来源

传统产业互联网范式由于定位为链主企业的支撑服务平台，收入更多来自原有产业链业务上的增值服务，或者来自产业的共享服务收益。如国联股份早期的业务收入来源是信息费、会员费等。

平台生态范式除了为参与者创建连接，还倾向于在参与者之间创造新的服务，从而获取更多收益。如滴滴出行推出的送货/搬家服务是在货车司机与消费者，或者企业用户之间创建的新服务，其服务范围扩大到为企业用户提供出行服务。

（5）启动方式

传统产业互联网范式的启动方式较多，比较常见的是通过与链主企业的业务结合来启动。如大型企业的工业互联网平台是先服务链主企业内部，再向外赋能推广。

平台生态范式则更需要进行冷启动、补贴式的业务推广，或者通过其他平台启动。如滴滴出行早期针对司机与乘客的补贴、微信的春晚红包补贴等。

虽然传统产业互联网范式与平台生态范式都会进行冷启动，但一个是依附于某项传统业务展开，另一个是市场化的运作，关键实现路径不同。

（6）所属权

围绕链主企业业务建立的传统产业互联网范式，本质上打造的是属于链主企业的"支撑"平台，该平台初期的业务通常是由链主企业业务运作带来的。所以，这类平台的所属权归链主企业、链主企业的子企业或参股企业。

对于使用市场化手段建立的平台生态范式，初期启动过程更多依赖对客户的"圈地"，而非通过强制性手段实现业务增长，其本质是独立发展的服务平台。

4. 传统产业互联网范式的转移

通过以上分析，我们能够看到一个事实，即围绕传统产业建立的传统产业互联网范式在某种程度上借助了链主企业的资源，其发展与链主企业的业务密不可分，是从属于链主企业的配套服务。

平台生态的去中心化

平台生态范式是在业务起步阶段先找到一个能够快速突破的切入点，而非建立整个产业链协作，其发展不依赖某个链主企业，也不受链主企业原有业务边界的限制。所以，平台生态具有去中心化的特性。

正是由于特性不同，两种范式呈现出了差异性，对应的平台发展方式也就不一样了。平台生态范式成功占领局部细分市场后，能够迅速发展新业务，带来新的增长点。

这种平台生态范式的快速发展是因为其在初始阶段成功地激活了双边或多边关系，借助网络效应形成正向反馈，吸引了大量的参与者，并在此基础上不断迭代新业务。

给传统企业的建议

对传统企业而言，如果希望借鉴消费互联网的成功经验来改善自身的发展状况，就应该参考平台生态范式进行业务模式和技术的变革，开启从传统产业互联网范式到平台生态范式的转移。

本书第三章将详细论述如何在传统产业中构建这样的新生态系统。

四、传统企业的未来出路

是不是所有的企业都应该做平台？回答这个问题，需要弄清数字经济的本质。

数字经济时代，传统的业务形态将会越来越趋向于数字化和线上化，我们原来认为很多不适合在线上开展的业务，随着新技术的产生，都可在数字化场景中找到对应实现。

过去我们认为采矿业可能不需要数字化，但现在越来越多的矿井开始进行数字化改造。通过 5G、LTE、NB-IoT 等技术实现了井下全域无线覆盖，构建了"井下一张网"，支撑着矿山各类业务系统的运行。工作人员可以通过无线网络实时传递和接收信息，这提高了工作效率和安全性。机器视觉等技术的应用可以实现露天矿山无人驾驶，以此作为突破口来推进智能矿山建设。通过引进 AI（人工智能）技术，实现了智能巡检，减少了安全隐患，提高了巡检效率。这种技术可以通过智能设备对矿井进行实时监测和分析，及时发现和处理安全隐患，提高了矿井的安全性。

在过去被认为离数字化很远的行业，也都逐渐采用数字化技术进行了重构，这让我们有理由相信，未来会有更多行业进行彻底的数字化改造，之后数字化的终端又会与网络产生连接，形成大量的网络交互，这让形成平台成为可能。

所以，未来的世界将会运行着各种各样的数字平台，它们将支撑整个社会的运行。

未来企业的生存方式

未来企业的生存方式基本上只有两种：要么成为生态系统的构建者，要么成为生态系统的参与者。因为当所有企业都进行数字化后，与整个产业协作的最佳方式就是通过不同的平台与上下游进行合作。简单地说，<u>平台就是所有生意的入口，没有哪个企业能够不做生意，所有企业都不得不参与平台生态</u>。

1. 构建生态系统

毋庸置疑，成为生态系统的构建者将会使企业的价值最大化，尤其是对通过平台生态模式建立了数字生态的企业而言。

成为数字生态企业可以带来多方面的好处，主要包括以下几个方面。

（1）资源整合与优化配置

数字生态企业通过整合制造商、供应商、服务商等离散要素资源，以数据为核心，形成共创分享的产业分工模式。这种分工模式提升了产业的资源配置能力、协同发展能力和服务支撑能力，形成了与上下游行业伙伴共创价值的产业生态。

例如，阿里巴巴通过其庞大的电商平台，有效整合了全球范围内的供应商、制造商、服务商等资源。它不仅为中小企业提供了全球化的市场，还通过大数据、云计算等技术手段，实现了资源的优化配置和高效利用。这种资源整合能力使得阿里巴巴能够迅速响应市场变化，满足消费者多样化的需求。

（2）解决供需适配性问题

数字生态企业集合商流、物流、资金流、数据流等要素，通过大数据实现供需两侧的精准对接。这提升了信息对称性及产品和服务的适配性，使制造业企业能够根据平台数据判断市场、安排产能，并推出具有市场前景的新产品和服务。

例如，阿里巴巴的大数据分析技术实现了供需精准对接。它通过消费者行为分析和市场趋势预测帮助商家把握市场需求，合理安排生产和库存，消费者也能快速找到更符合需求的产品和服务。

（3）促进产业融合发展

数字生态企业有助于促进上下游产业融合发展，推动形成高效运行的供应链体系。通过平台的数据分析和精准对接，企业可以更准确地挖掘新的消费需求，提升产品和服务的市场竞争力。

例如，腾讯的业务覆盖社交、娱乐、金融、教育等领域，形成了生态系统。通过跨界合作、创新和开放 API，腾讯推动了行业的融合和繁荣。

（4）创造长尾市场

数字生态企业能够创造推动消费增长的"长尾市场"，使众多中小微企业或销路不畅的企业在细分市场中找到生存空间。这有助于激发市场活力，促进经济的持续发展。

例如，腾讯的社交网络平台通过微信公众号和小程序等功能为小微企业与个人提供了推广机会，并为用户提供了多样化的选择和服务，激发了市场活力。

（5）引领创新生态

数字生态企业是构建创新生态的重要引领者，具有孕育新型通用技术的能力。它们能够构建产业创新链，推动产业升级和转型，为经济发展注入新的动力。

例如，华为在鸿蒙生态中投入技术创新，如分布式技术、内核优化等，为开发者提供了更多资源。通过生态合作伙伴计划，华为与各行业领先企业合作，共建鸿蒙生态，推动其繁荣发展。

总的来说，成为数字生态企业有助于企业更好地适应数字化时代的发展需求，提升竞争力，实现可持续发展。然而，这也需要企业具备相应的技术实力、管理能力和创新思维，以应对日益复杂的市场环境和挑战。

2. 参与生态系统

一些加入了平台生态的第三方企业也得到了快速发展，接下来介绍几个相关案例。

1）韩都衣舍依托阿里巴巴电商平台，成为电商服饰领域的领军品牌。通过加入阿里巴巴的平台生态，韩都衣舍得以利用阿里巴巴的用户基础、物流网络和支付系统快速扩大市场份额，实现了快速发展。

2）华米科技是小米生态链中的一家企业，专注于智能可穿戴设备的研发和生产。华米科技推出了多款小米手环产品，深受消费者欢迎。通过与小米的合作，华米科技获得了小米的品牌、渠道和用户资源支持，实现了快速发展。如今，华米科技已经成为一家全球领先的智能可穿戴设备供应商。

3）Nest 是一家专注于智能家居领域的企业，推出了智能恒温器、烟雾报警器等创新产品。Nest 的产品与苹果公司的 HomeKit 平台实现了良好的兼容，用户可以通过 iPhone、iPad 等设备方便地控制和管理 Nest 的产品。这不仅提升了 Nest 产品的用户体验，也给 Nest 带来了更多的市场机会。

相比自建生态系统，以下类型的企业能够更快地通过平台发展自身。

1）初创企业和小微企业：这些企业往往缺乏足够的资源和资金来自建生态系统，加入已有的平台生态可以帮助它们快速获得资源和市场机会，降低创业风险。

2）专注于某一细分领域的企业：这些企业可以通过加入相关的平台

生态，利用平台的资源和用户基础，快速扩大自己在该领域的市场份额和影响力。

3）创新型企业：创新型企业通常需要大量的用户数据和反馈来不断优化自己的产品和服务。加入平台生态可以让它们更容易地获取这些数据和反馈，从而加速创新进程。

加入平台生态可以为企业带来诸多好处，但也需要企业具备一定的适应能力和创新能力，以更好地利用平台生态的资源和机会。这些企业加入适合它们的某个第三方平台生态可以获得以下几个方面的好处。

1）扩大市场覆盖：通过加入第三方平台生态，企业可以利用平台已有的用户基础和流量快速扩大市场覆盖范围，接触更多的潜在客户。

2）降低运营成本：第三方平台生态通常提供一系列工具和服务，如支付、物流、数据分析等，企业可以利用这些服务降低自己的运营成本，提高效率。

3）提高品牌知名度：加入知名的第三方平台生态可以提高企业的品牌知名度，增加曝光率。平台上的用户评价和推荐也可以帮助企业建立良好的口碑。

4）获得数据支持：第三方平台生态通常拥有丰富的用户数据和运营数据，企业可以利用这些数据更好地理解市场和客户需求，优化产品和服务。

5）共享风险：与独立建立平台相比，加入第三方平台生态可以与平台共同承担风险。如果平台的运营出现问题，企业所承担的风险相对较小。

加入第三方平台生态并不意味着企业失去了构建独立生态系统的可能性。相反，这可能是另一种构建生态系统的途径。本书将在第七章中详细描述这部分内容。

｜本章小结｜

本章分析了 4 种主要的平台类型及其商业模式的差异，这些平台需要借助平台生态快速发展。平台生态指的是通过数字平台构建完整的生态系统，并提供一套机制，使得这个生态系统的各个参与者能够充分协作和共创。

本章还详细分析了消费互联网和产业互联网中何时使用平台生态模式，这为传统企业发展新型的平台业务提供了参考。没有生态系统的平台将无法构建高效的协作体系，从而无法让平台的业务效率最大化。

最后，本章基于对平台生态的思考，提出了未来企业的两种生存方式：成为平台生态的构建者或成为平台生态的参与者。

第三章
构建数字生态企业

拥有一家数字生态企业，就相当于拥有了进入数字世界的钥匙。这把钥匙将会带你开启数字时代的大门。

1. 数字生态企业的业务构建需要遵循哪些基本原则？

2. 网络效应是如何促进平台型业务增长的？

3. 数字生态企业需要考虑哪些中长期发展战略？

本章将讨论如何创建一家数字生态企业,并全面阐述相关准则和方法。本章的目标是帮助读者快速梳理数字生态企业的全貌,让读者对整个知识体系有一个完整的了解。这样,读者可以有针对性地阅读后面的章节。

数字生态发展战略架构包括构建平台型业务的 3 个基本原则和中长期发展战略,如图 3-1 所示。

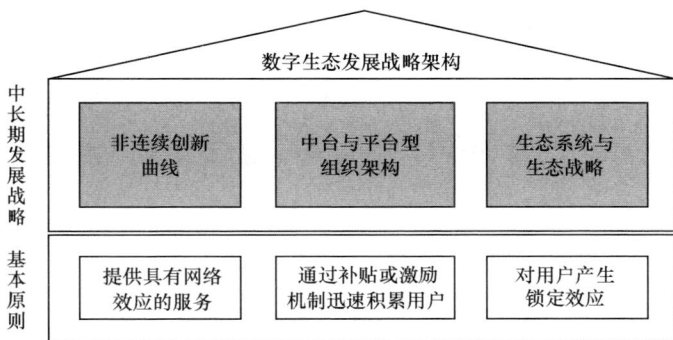

图 3-1　数字生态发展战略架构

基本原则是让企业时刻关注创新业务时的关键点,也是企业能够成功构建数字生态的基础。

中长期发展战略则是当企业能够成功孵化第一个平台型项目后应该使用的主要策略:非连续创新曲线可以让企业找到创新的理论依据;中台与平台型组织架构可以让企业更灵活地进行业务创新,释放组织的力量;生态系统与生态战略可以让企业有更完整的战略布局。

一、构建平台型业务的基本原则

在第一章中,我们通过案例与理论的推导得出了业务构建的基本原则,接下来将会以 3 个基本原则作为业务构建的原子策略,继续探索数字生态的中长期发展战略。

我们再来回顾一下这 3 个基本原则：

1）平台需要提供具有网络效应的服务；

2）平台初期必须通过补贴或激励机制迅速积累用户；

3）平台必须对用户产生锁定效应。

下面详细解读这 3 个基本原则。

1. 提供具有网络效应的服务

以往我们在理解网络效应时，通常用单边、双边和多边网络来解释其呈现的状态。在这个过程中，一个平台的参与者，无论是哪种角色，都会比之前参与的用户获取到更大的价值。

这里用常见的电话网来说明这一价值的变化。当整个电话网只有一个用户的时候，这个用户所拥有的价值几乎为零，因为他无法跟其他人通话，但是当第二个用户加入电话网时，第二个用户所拥有的价值就比第一个用户刚加入时多，因为他至少可以给第一个用户拨打电话。当然，第一个用户也会很高兴，因为终于有人可以跟他通话了。

依次类推，当越来越多的用户加入电话网，网络中的参与者所获得的价值就会越来越大，用户带来的价值增长就会驱动更多的潜在用户加入这个网络，这就引发了网络效应。

所以，当某个平台型业务被设计为随着用户数量的增加，每个用户（包括之前加入的用户）获得的价值都比之前的用户多，就能够称这样的业务具有网络效应。

≫ 拼多多业务中的网络效应

一个明显的例子是拼多多的拼团。拼多多的拼团是一种基于团购的电商模式，在该模式下，消费者自发组织团购，能以更低的价格购买到心仪的商品。以下是拼多多拼团的具体流程。

● 选择商品并发起拼团。消费者在拼多多平台上浏览并选择心仪的商品，可以选择单独购买或发起拼团。如果选择发起拼团，需要设置拼团人数和拼团价格等信息，并支付订金或全款。

● 邀请好友参团。发起拼团后，消费者可以通过分享链接、邀请码等方式邀请好友加入。被邀请的好友可以通过链接或邀请码进入拼团页面，选择是否参团，如果参团，还要支付订金或全款。

● 等待拼团成功。当拼团人数达到要求时，拼团成功。此时，平台会通知消费者拼团成功，并确认订单信息。如果拼团失败，平台会退还消费者支付的订金或全款。

● 等待收货并评价。拼团成功后，消费者等待收货。收到商品后，可以对商品进行评价和"晒单"，分享购物体验和心得。

在拼多多的拼团中，拼团人数和拼团价格是关键因素。一般来说，拼团人数越多，拼团价格越低，但也需要更多的用户参团才能成功。

由此可见，拼多多通过拼团来吸引更多的用户群体，当更多的人参与微信转发的拼团时，参与用户可以获得比之前更大的价值，也更容易拼团成功。这种服务就具有网络效应——参与拼团的用户会主动将其转发给身边还未参与拼团的朋友，因为他们认为这会给朋友带来好处。这样能吸引更多的用户加入拼多多的平台。

许多学者研究发现，当一个网络覆盖的人群中有20%～30%的人加入某个平台时，该平台的用户数量将会出现爆发式增长。例如，当微信平台覆盖20%～30%的用户群体时，它将给未加入微信平台的用户带来吸引力，从而实现用户数量的爆发式增长。

下面探讨平台模式的附加条件。

平台模式的界定

哈佛商学院学者安德烈·哈久和朱利安·赖特建议进一步收窄双边市场的定义，并为平台模式附加了两个条件：市场的各边之间直接交易；市场各侧"附属"于平台，平台应当有能够将它们绑定在平台上的资产专用性投资，使它们离开平台的成本较高。

这里的"市场的各边之间直接交易"是一个非常重要的条件。

双边平台型业务可以解释为两种方案。第一种是基于双边交易的模式，平台方充当中间商的角色，上游和下游进行交易。例如，传统的分销型平台，平台方会集中采购上游的原材料，以低价获取，并向下游的采购商销售，这样平台就成了中间商。第二种是平台方不充当中介，只提供一个界面让双方直接交易。例如在淘宝上，商家通过淘宝提供的平台开店，商家自己负责营销工作以吸引消费者，同时需要自行处理打包、发货等一系列事情。这时候淘宝就是一个交易界面，没有直接参与交易。

本书的观点是尽可能让平台作为交易界面，而非成为业务的中介，因为中介的角色会让平台成长的速度大大减缓。试想一下，如果每种业务平台都需要参与交易，那么平台就必须投入很多人力资源对业务进行干预，将资源分配到业务过程中，这会降低对平台快速发展的投入。

2. 通过补贴或激励机制迅速积累用户

在平台型业务构建中，补贴是不可避免的。

这种补贴，有可能是资源形式的，如拼多多的百亿补贴，也有可能是服务形式的，比如通过免费服务吸引客户。例如，某些 SaaS 公司的入门款应用是免费的，对其他高级服务是收费的，这种免费的服务可视为对用户的补贴。无论这种补贴是什么形式的，对平台来说，都可以吸引参与者快速加入平台。

在陈威如、余卓轩所著的《平台战略：正在席卷全球的商业模式革命》一书中，有如下关于补贴的描述。

补贴策略

平台补贴是一种重要的策略，用于吸引用户、激活网络效应并推动平台增长。通过补贴，平台可以降低用户的使用成本，增加用户的参与度和黏性，从而加速网络效应的形成。

≫ 滴滴出行早期的补贴政策

滴滴出行早期的补贴政策在吸引出租车司机和消费者方面取得了显著成功。滴滴出行在创立初期，为了快速抢占市场份额，进行了深入的市场调研，分析了出租车行业的痛点以及司机和乘客的需求，制定了一套针对司机和乘客的补贴策略。

滴滴出行向平台注册的出租车司机提供高额补贴，包括接单奖励、完成任务奖励、高峰期加价等多种形式。这些补贴直接增加了司机的收入，激励他们更多地使用滴滴出行接单。同时，为了吸引乘客使用滴滴出行预约出租车，滴滴出行同样提供了丰富的优惠措施，如首次使用优惠券、打车折扣、分享好友奖励等。这些补贴降低了乘客的出行成本，也提高了滴滴出行的竞争力。

补贴政策实施后，滴滴出行迅速吸引了大量出租车司机和乘客。司机因为能够获得更高的收入而愿意在滴滴出行上接单，乘客则因为能享受到更优惠的价格而选择使用滴滴出行。随着用户数量的不断增加，滴滴出行的订单量也实现了快速增长。

在补贴政策取得初步成功后，滴滴出行根据市场反馈和数据分析对政策进行了持续调整和优化。例如，针对不同地区、不同时间段的供需情况调整补贴力度，增加对优质司机和乘客的奖励措施，提升平台的服务质量和用户体验等。这些调整使补贴政策更加精准有效，进一步巩固了滴滴出行在出行市场的领先地位。

激励机制是另一种补贴的形式。很多平台虽然没有给出具体的补贴方案，但是利用各种激励政策实施了补贴这一实质性的策略。例如，TikTok在发展早期利用各种激励政策吸引用户和内容创作者：设立创作者基金，奖励制作优秀内容的创作者；根据视频表现，如观看次数、点赞量等，给予额外流量激励；定期发布任务和挑战，参与者有机会得到现金、礼品卡等奖励等。

那么平台是否可以不进行补贴呢？在平台早期发展过程中，补贴是吸引早期用户简单且有效的手段之一，也是一种有力的竞争方式。因此，在平台启动过程中，应该考虑采用合适的方式进行补贴。

试想一下，有两个业务相同的平台A、B，它们都处在成长期，还没有达到临界值。如果A平台有先发优势，但是没有采用补贴政策；B平台虽然起步比A平台晚，但是采用了补贴政策，那么显然B平台的用户增长会比A平台更快。当B平台的用户增长达到了临界值，也就是实现了20%～30%的市场覆盖率时，B平台将会进入加速成长期。这时候A平台即使勉强达到临界值，之后的发展速度也远远比不上B平台。所以，无论平台是什么类型的，都要尽可能设计补贴方案。

例如，微信和米聊都采取补贴策略来吸引用户。米聊的补贴有限，效果不明显，逐渐失去市场份额。相比之下，微信的补贴策略更多样，且力度更大，通过各种补贴活动快速积累了用户。微信的互动性和社交性也更强，这种吸引力使其逐渐成为"国民级"社交应用。

另一个需要特别考虑的，就是补贴的边际递减原则。

很多平台在启动初期是可以承受高额补贴的，如采用 SaaS 的平台使用免费策略吸引早期用户、电商平台使用优惠补贴吸引用户。但是这些方法必须随着网络效应的产生而减少成本投入，并在突破临界值之后尽可能地将补贴成本降为零。

补贴的陷阱

在许多平台型业务发展的过程中，其初期的策略是通过补贴引发网络效应。在后续的高速成长期，随着用户数量的急剧增加，如果补贴成本仍然与初始阶段一样，那么整个业务将无法承担高额的补贴，可能会突然垮塌。

补贴的陷阱带来的后果并非危言耸听。

例如，共享单车平台 ofo 在竞争初期，为了快速扩张市场份额，推出了大量的免费骑行和充值返现等补贴政策。这些补贴政策吸引了大量用户，但也导致 ofo 的运营成本迅速增加。然而，随着补贴政策的逐渐退出和市场竞争的加剧，ofo 的用户黏性和付费意愿并未达到预期，资金困境逐渐显现。最终，ofo 因为资金链断裂而宣布破产。

补贴是平台所需要的，但是它必须随着用户数量的高速增长而迅速地减少成本投入，这才符合数字生态的发展战略：补贴只是为了触发网络效应，而不应该是进行持续营销的手段。

3. 对用户产生锁定效应

相对于前面两个基本原则，这个基本原则是非常容易理解的，这是平台晋升到超级生态的一个关键。

很多平台在发展的早期，通过差异化的平台战略，包括构建具有吸引力的服务、补贴政策等，吸引了大量的用户。但是，高速成长期过后，即便过了临界值，也会有平台用户大量流失的潜在风险。所以这个基本原则的设定必须是原子级的，越早实现锁定，效果越好，必须一开始就构建起来。

设计减少用户流失的策略时，需要重点关注用户的成本与收益。这很容易理解，当一个用户对平台投入了大量的时间和成本，那么自然在离开平台时就会对之前投入的"沉没成本"进行评估。如果用户考虑转移到其他平台完成类似的业务，就需要承担时间、金钱、心理等多方面的转换成本。

对于技术创新型平台，有两种主流的提高转换成本的策略：一种基于技术视角，另一种基于数据视角。平台在提供开放式技术服务的情况下，可以设计更多能让用户参与的技术投入，例如开放 API 供用户调用以获取某些技术能力。如果用户希望转移到其他平台，就需要考虑这方面的研发投入。基于数据视角的策略即当平台积累了大量用户数据或基于数据产生了结果时，转移这些数据的成本会变得很高，导致用户难以放弃。例如，用户在平台上上传的数据、建立的社交关系以及平台对用户的评分等都是数据沉淀的一部分。

锁定参与者这件事需要精心设计，它必须与前面两个基本原则一起使用，贯穿整个平台的运营过程。像微信这样的社交软件沉淀了用户的社交关系链，所以用户选择离开并重新建立社交关系相对困难，某种程度上实现了用户的高留存率。因此，这种现象也可以视为一种"锁定"用户的方式，只不过它是通过平台自身特征——社交属性实现的。但是其他很多平台也许不具备明显的锁定方法，这时就需要平台的创建者以独到的眼光来发掘。

>> 贝壳找房的锁定策略

贝壳找房在发展初期找到了一个适合房地产行业的锁定方法，那就是 ACN。

ACN 即贝壳找房的经纪人合作网络，全称为 Agent Cooperation Network。在这个网络中，房源信息充分共享，经纪人以不同的角色共同参与交易，成交后按照各角色在各环节的贡献率进行佣金分成。这种合作方式的核心在于，将传统中介行业的零和游戏转变为合作共赢，通过经纪人之间的分工协作提升服务效率和品质，实现高效的资源匹配。

ACN 模式包括房源录入、钥匙持有、房源带看、客源成交等角色分工，每个角色都有特定的职责和收益。这种角色分工背后是利益分配，以此来解决房源、客源、经纪人之间的合作难题。

ACN 看起来是为经纪人提供协作的协作网络，同时也起到了锁定用户的作用。

贝壳找房要占领二手房交易市场，需要充足的房源和购房者资源，但是无法直接掌控这些资源。经纪人在购房者和售房者之间扮演着重要角色。购房者难以在没有专业背景的情况下选择房产，因此需要"靠谱"的经纪人。售房者没有经纪人的介入，无法综合考虑因素来定价，也无法完成与购房者的谈判。在高价房产交易中，任何决策都可能导致价格波动，损失交易收益。因此，经纪人在整合房产资源和说服购房者的过程中起着重要作用。

贝壳找房通过经纪人合作网络吸引了大量的经纪人加入平台。据不完全统计，2022 年全国房产经纪人数量约为 150 万，而贝壳找房的经纪人数量约为 40 万，占比约为 26%，达到了临界值（经验值为 20% ～ 30%）。贝壳找房通过经纪人获得了大量的房源和潜在购房者资源。即使这些购房者不是直接通过贝壳找房，而是通过经纪人与贝壳找房进行业务交易，只要经纪人在购房和售房中起到辅助决策的作用，买卖双方就会与经纪人产生关联。贝壳找房只需通过 ACN 来吸引经纪人，就可以借助他们来锁定售房和购房的客户群。

所以，贝壳找房的经纪人合作网络既是引发网络效应的服务，又是锁定客户的关键，一个业务模式完成了两个关键原则的实施。在未来，如果贝壳找房能够通过补贴原则持续拉动经纪人加入，尽可能将潜在的经纪人都吸引到贝壳找房平台上，那么贝壳找房将会成为二手房乃至房产交易领域的"巨无霸"企业，引领整个房产生态系统的重构。

以上 3 个基本原则需要同时作用在平台型业务中。第一个基本原则的目的是保障平台顺利地激活网络效应，从而吸引大量的参与者；后面两个基本原则的目的是保障平台不会因为规模扩大而降低发展速度。

在构建每个新平台型业务时，我们都需要衡量是否充分考虑了这 3 个基本原则。如果未充分考虑，则需要重新优化业务方案。

关于这 3 个基本原则进一步的策略，将会在第四章详细说明。

二、中长期发展战略

在平台型业务得到快速发展后，企业需要将注意力转移到中长期发展上。本书第五、六、七章将详细讨论这些战略。本节将提取这三章的关键要点，为读者提供全面的概览。

1. 数字生态下的非连续创新曲线

数字生态企业业务模式最有价值的地方在于它能够不断地衍生新业务，这些业务既有可能是原有业务的功能拓展，也有可能是全新的业务，只不过服务的客户正好是原有生态的参与者。

一个数字生态企业能够成长为"参天大树"，是激活网络效应后不断积累大量用户，再对这些用户所需的新业务场景进行不断拓展的结果。

（1）平台型业务的曲线

当开始着手进行平台型业务的发展时，需要意识到平台型业务的增长是一条 S 型曲线，如图 3-2 所示。

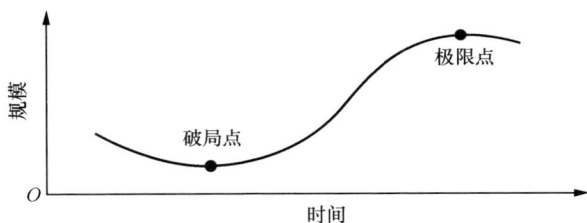

图 3-2　S 型曲线

当一种平台型业务开始发展时，它面临着补贴、市场推广、技术研发等一系列投入。随着网络效应的逐渐显现，平台型业务将会逐渐进入破局点。随后业务将会得到迅猛的发展，直至进入指数级增长的阶段，最终到达极限点。这时候业务就处于相对稳定的阶段。

> **破局点**
>
> 在平台模式中，破局点可能意味着平台通过某种创新或策略调整突破原有的发展瓶颈，开始进入快速增长的阶段。这个点的突破往往需要解决一些核心问题，如技术难题、市场接受度低等。

请注意，破局点与之前提到的临界值并不完全相同。在 S 型曲线的破局点，业务的增速发生了显著变化（但不一定激活了网络效应），并引发大量用户加入平台。而临界值可能在破局点之后出现，当平台型业务达到临界值时，意味着已经成功地激活了网络效应。

从这条曲线可以看出，除非面临的生态市场规模非常大，需要很长时间才能增长到极限点，否则，平台型业务的特点将驱使它很快到达极限点附近并停止增长。

数字生态企业通常会经历快速增长并在较短时间内达到业务极限，以下是一些典型的例子。

1）优步（Uber）成立于 2009 年，是一个基于移动应用的在线叫车平台，它通过连接司机和乘客，提供便捷、高效的出行解决方案。优步以创新的共享出行模式迅速在全球范围内扩张，并在短时间内实现了指数级增长，成为全球最大的共享出行平台之一。然而，随着竞争对手的涌现和监管政策的加强，优步的增长速度逐渐放缓，发展进入了平稳期。

2）爱彼迎（Airbnb）成立于 2008 年，是一个在线住宿共享平台，允许房东将闲置的房屋出租给旅行者，满足了旅行者对多样化和独特住宿体验的需求。爱彼迎用了大约 10 年的时间在全球范围内迅速扩张，连接了房东和旅行者，构建了一个庞大的住宿网络。然而，随着竞争对手的增加和监管政策的调整，爱彼迎的增长速度逐渐趋于稳定。

3）Zoom 是一款视频会议软件，为用户提供了高质量的视频通话和协作工具。2020 年，Zoom 的用户数量和使用量迅速飙升，成为企业和个人远程工作的首选工具。然而，随着竞争对手的涌现以及用户对隐私和安全问题担忧的增加，Zoom 的增长速度逐渐放缓。

需要注意的是，达到业务极限并不意味着企业不再发展，而是需要在平稳期中寻找新的增长机会和商业模式创新。所以，平台有必要在增长曲线达到极限点之前开始构建新的非连续的业务——寻求第二曲线增长。

（2）实现指数级增长而非线性增长

我们在描述增长的时候，经常会提到线性增长和指数级增长。下面介绍什么是线性增长和指数级增长。

指数级增长即"百分比增长"。与线性增长不同，它不是依靠数的累加，而是飞跃式增长。对企业来说，通过技术的革新或者商业模式的创新带来新的增长点，可以实现高速的指数级增长。

指数级增长

指数级增长是指一个变量的增长率与其当前的值成正比，也就是说，它的增长速度随着时间的推移而加快。指数级增长的数学模型可以用以下公式表示。

$$y = a \cdot b^x$$

其中，y是变量，a是初始值，b是增长率，x是时间。指数级增长的特点是，当$b \geqslant 1$时，y会随着x的增加而无限增大；当$0 < b < 1$时，y会随着x的增加而无限接近于零。指数级增长的图形是一条曲线，它的斜率随着x的增加而增加。

指数级增长在自然界和社会中都有广泛的应用，例如细菌的繁殖、放射性物质的衰变、复利的计算、摩尔定律等。

>> 亚马逊的指数级增长

美国知名管理顾问拉姆·查兰所著的《贝佐斯的数字帝国：亚马逊如何实现指数级增长》中详细描述了亚马逊实现指数级增长的过程，书中将亚马逊的指数级增长主要归功于其独特的商业模式和管理策略。

首先，亚马逊始终强调以用户为中心，致力于为用户提供更优的产品、更低的价格和更便捷的服务。通过不断满足用户的需求并赢得客户的信任，亚马逊成功吸引了大量忠实用户，为其指数级增长奠定了坚实的基础。

其次，亚马逊注重长期投资，而不是短期的利润，不断拓展业务边界。贝佐斯强调，现金流比净利润更重要，亚马逊愿意为了未来的增长而牺牲短期的利润。这种长期主义的思维使得亚马逊能够持续创新，并在各个领域取得领先地位。

此外，亚马逊的人才招募策略也为其实现指数级增长做出了重要贡献。亚马逊通过严谨的招聘流程和精心设计的自我选择机制吸引并留住了大量优秀人才，这些人才为亚马逊的发展提供了源源不断的动力和智慧。

最后，亚马逊充分利用数据来指导决策和优化运营。亚马逊建立了跨部门、跨层级、端到端的数据指标体系，并对每个数据指标提出了非常严苛的要求。通过智能管理数据，亚马逊能够实时追踪业务情况，及时发现问题并采取相应措施，从而确保业务的持续增长。

（3）第二曲线的驱动力

第二曲线　英国管理学家查尔斯·汉迪在《第二曲线：跨越"S型曲线"的二次增长》中讲道："在第一曲线到达巅峰之前找到驱动企业二次腾飞的第二曲线，并且第二曲线必须在第一曲线到达顶点之前开始增长，企业永续增长的愿景就能实现。"

　　李善友所著的《第二曲线创新》一书中也有类似的观点——第二曲线创新被描述为一种从第一曲线中产生的创新模式，也被称为分形创新。它并不是多元化发展或跨领域布局的结果，而是从主营业务中孕育、成长出来的创新。当第一曲线（主营业务）的增长开始变慢，在到达极限点时，第二曲线的准备工作就应该开始了。

>> 亚马逊的第二曲线创新

　　亚马逊发展至今，经历了多次业务变迁，比如最先开办在线书店，对标美国线下的巴诺书店；然后发展在线电子商务，成为全品类电商，对标沃尔玛；再后来发展智能硬件和虚拟产品、AWS 云计算、全渠道转型等业务，其中最主要的业务是 AWS 云计算。截至 2020 年上半年，AWS 云计算的市场份额位居世界第一。亚马逊的第一条业务曲线是在线书店，第二条业务曲线是在线电子商务，第三条业务曲线是智能硬件和虚拟产品，而真正让亚马逊"一战封王"的是它的第四条业务曲线——AWS 云计算。未来，它将进行全渠道转型。图 3-3 给出了帮助亚马逊从最初的在线书店发展成现在市值过万亿美元巨头的业务曲线。

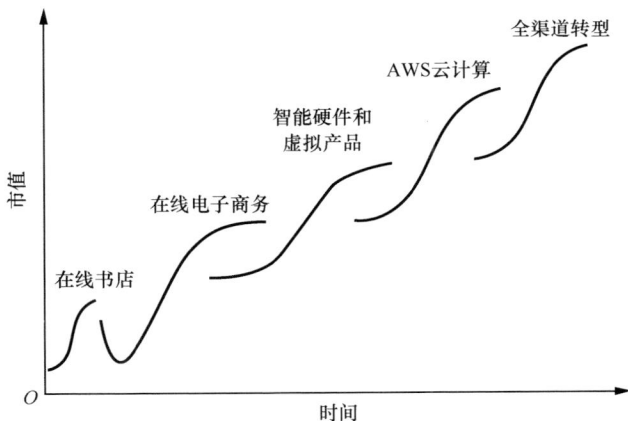

图 3-3　亚马逊的业务曲线

数字生态企业扩展服务的方式屡见不鲜。例如，阿里巴巴在淘宝生态体系中孵化出了天猫、支付宝、阿里云、菜鸟网络等。这些业务中，除了天猫的业务模式还是电商，支付宝、阿里云和菜鸟网络已经不再是电商平台，而是分别进一步发展成金融服务平台、云平台和物流平台。

第五章将深入讨论如何通过非连续增长曲线来驱动平台型业务的创新。

2. 中台与平台型组织架构

通常来说，平台模式与中台的建立相伴相随。本书提到的中台是一个抽象的概念，它泛指那些支撑多业务的业务类、技术类和数据类的中台能力及与之对应的服务。

（1）构建智能化的中台

中台可以帮助已经建立了部分平台级业务的企业以更低的成本、更快的内部协作来进行业务创新。

为了方便理解，接下来以阿里巴巴中台为例来介绍如何构建中台。

≫ 阿里巴巴的中台

"中台"思想源于 2010 年在芬兰赫尔辛基创立的 Supercell 移动游戏公司。该公司由一系列相对独立的 Cell 团队进行产品研发，每个 Cell 尽可能小，一般不超过 7 人。每个 Cell 像独立运营的企业，自己感知市场、感知客户，专注于产品创新、研发并将其推向市场。公司负责构建强大的技术平台，为所有 Cell 提供游戏引擎、服务器等技术支撑。

这样快速试错、不断创新的模式使得 Supercell 在 2015 年收入规模达 23 亿美元，成为世界上最成功的移动游戏公司之一，人均贡献收入达到 130 万美元。

从企业架构的视角看，该公司以去中心化、业务和数据标准化的服务为所有游戏开发业务提供技术支撑，其企业架构如图 3-4 所示。

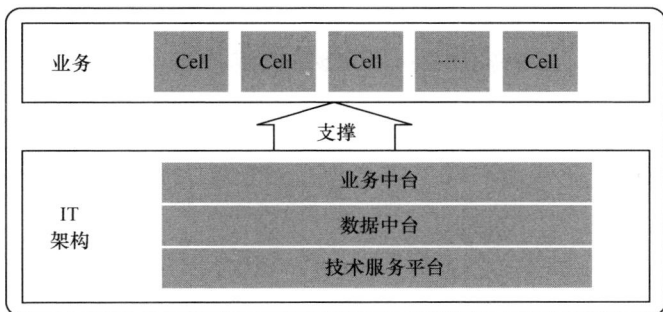

图 3-4　Supercell 的企业架构

　　2015 年，到 Supercell 公司拜访的阿里巴巴高管们惊叹于其架构框架所形成的中台能力。2015 年底，阿里巴巴宣布全面启动"中台战略"，构建符合数字化转型时代的更创新、灵活的"小前台＋大中台"组织机制和业务机制，以轻便的"小前台"让一线业务更敏捷、更快速地适应瞬息万变的市场；以集全集团之运营数据能力、产品技术能力所形成的"大中台"，为前台业务提供强力支撑。

　　那阿里巴巴为何要建立中台呢？《企业 IT 架构转型之道》一书中，作者钟华讲述了阿里巴巴制定这一决策的过程。

　　阿里巴巴最初的业务以 1688 和淘宝为主，它们面向的客户以及业务对象均有较大差异。淘宝初期主要面向 C2C（用户对用户）电商领域，全套系统围绕淘宝垂直的技术框架落地。随着业务的不断发展，阿里巴巴成立天猫事业部，主抓 B2C（企业对用户）电商，形成了一套并列垂直的技术框架。

　　这种垂直式的、相互不连通的架构体系就好比烟囱林立，带来了诸多不便，如成本的重复投入和维护、数据之间打通复用的难度、几年之后推倒重建的风险等。为了解决这些问题，阿里巴巴于 2009 年成立了共享业务事业部与数据平台部，通过构建共享服务来沉淀和复用业务能力。但由于成立初期业务话语权不强，共享服务体系的建设并不顺利。随着"聚划算"团购项目的启动，公司要求各系统的流量都必须通过聚划算，共享服务中心依托聚划算业务才得以大展身手，逐步将集团核心的业务能力沉淀为用户中心、商品中心、交易中心、评价中心、店铺中心等数十个共享服务，如图3-5所示。

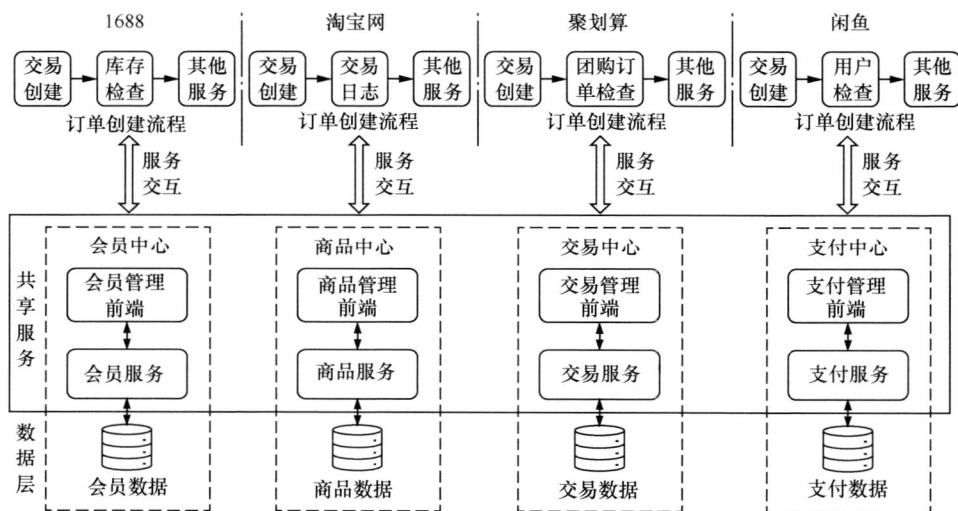

图3-5 阿里巴巴的共享服务体系

阿里巴巴中台革命即共享服务中心发展壮大后的产物，共享服务中心作为阿里巴巴中台核心，聚焦各业务单元能力的构建，协助目前集团上百个前台业务的快速创新——中台登上阿里巴巴组织架构发展的历史舞台，连接了前台的变化与后台的不变。

同时，阿里巴巴借鉴Supercell的组织管理方式强化中台战略转型，进一步放大了巨头在中台组织建设方面的前瞻性：Supercell内部以小团队（Cell）形式"作战"，小团队最多不超过7人，小团队对整个项目周期（从项目策划到研发再到向市场推广）负责。

（2）构建平台型组织

平台型组织

从狭义来讲，平台型组织指的是利用发达的信息流、物流、资金流等技术手段，通过组建强大的中心、平台、后台机构，以契约关系为纽带，连接各附属次级组织的组织形态。它的优点在于能降低管理成本、最大限度地整合相关资源、充分授权、高效决策、快速应对外部环境等。从广义来讲，平台型组织是坚持以客户需求为导向，以数字智慧运营平台和业务赋能型中台为支撑，以多中心＋分布式的结构形式，在开放协同共享的战略思维下广泛整合内外部资源，通过网络效应实现规模经济和生态价值的一种组织形式。

传统的组织形式大多是"事业部＋职能部门"，它们是科层式组织架构下的标准组件。这种形式的普遍问题是"作战单位"规模过大、不灵活、不敏捷。比如，在大型企业中，一个事业部通常有数千人，像这样的"大军团作战"模式有时会略显笨拙。因此，华为、阿里巴巴等都不约而同地开始探索一种新的组织形式，这一组织形式的共同特点是"大平台＋小团队"。

≫ 华为的平台型组织

华为在一线采取的是"铁三角"模式，它本质上是一个灵活敏捷的小团队，主要由客户经理、解决方案经理和交付专家组成。客户经理负责维护客户关系，掌握客户的核心需求和价值诉求点；解决方案经理负责根据客户需求制定解决方案，并需要保证解决方案具有竞争力；交付专家则负责根据解决方案和合约实施、交付。

显然，仅靠这3个职位组成的"铁三角"无法给客户提供具有竞争力的解决方案，于是华为着力打造平台能力以支持"铁三角"团队的运行。其中，"资源池"就是平台能力的重要组成部分。华为在各层级的市场组织中都构建了资源池，分为代表处资源池、地区部资源池和公司资源池3层。这些资源池是按照专业分工的，比如有负责交付的资源池，也有负责解决方案的资源池等。

"大平台＋小团队"这种新型组织形式是提高组织敏捷度的最佳方案。一线小团队面对顾客时，需要灵活应对问题、灵活决策，满足顾客瞬息万变的需求，更需要及时应对对手的竞争策略。小团队之所以"作战"能力强、敏捷度高，是因为有强大的平台支持，否则一线团队会在孤立无援中迅速溃败。平台能力需要支持前端的小团队迅速掌握信息，快速做出判断，敏捷调度中台甚至是后台的力量，从而引领整个组织为顾客创造价值。

关于构建中台和平台型组织的具体策略，可以参考第六章。

3. 生态系统与生态战略

理解数字生态有两种视角：一种是本书一直强调的平台生态视角，另一种是传统的商业生态系统视角。

从平台生态来看，建立数字生态就是通过一个个平台型业务建立起多种业务的组合，这些组合利用积累的用户资源不断地扩大业务边界，吸引更多的生态合作伙伴加入。从传统商业生态系统的视角来看，我们所说的建立数字生态，就是指企业试图在数字世界建立商业生态系统。

（1）生态位与商业生态系统

生态位

生态位（Ecological Niche）是生态学中一个重要的概念，是指一个物种在生态系统中所占据的特定位置和所扮演的角色。它包括一个物种在资源利用、生存方式、种群数量和空间分布等方面的一系列特征。每个物种都有其独特的生态位，这决定了它们在生态系统中的相互作用和演化过程。

商业生态系统

"商业生态系统"一词最早是由美国学者詹姆斯·穆尔于1993年在《哈佛商业评论》所发表的《捕食者与被捕食者：竞争的新生态学》一文中提出的。商业生态系统是指在一定时间和空间内，由相关产业链各方企业、消费者、市场和政府共同构成的一个群体。它们在商业生态系统中担当着不同的角色，各司其职，但又形成相互依赖、和谐共生的生态系统。

构建一个和谐共赢的商业生态系统对企业至关重要。如移动互联网成员主要包括电信运营商、终端供应商、内容提供商、软件服务商、服务提供商、互联网公司、消费者等，它们共同组成了一个商业生态系统。

≫ 苹果公司的生态系统

一个典型的商业生态系统例子是由苹果公司构建的生态系统。在这个生态系统中，除了苹果公司本身，还包括硬件供应商、软件开发者、服务提供商、零售商和最终用户等多个实体。这些实体通过共同合作，形成了一个相互依存、共生共荣的商业网络。

关于生态位，苹果公司在自己的商业生态系统中占据了核心位置，负责设计、制造和销售硬件产品，如 iPhone、iPad 等，并提供操作系统和应用商店等基础服务。而其他合作伙伴，如硬件供应商负责提供零部件和制造技术，软件开发者则基于苹果公司的操作系统开发各种应用程序，零售商负责将产品推向市场并提供售后服务。这些合作伙伴在商业生态系统中占据了不同的生态位，共同为整个生态系统的运转和发展做出贡献。

在商业生态系统中，每个实体或组织的生态位都是独特的，它们通过相互合作和竞争共同推动整个生态系统的演化和进步。同时，商业生态系统是动态变化的。随着市场环境和技术发展等因素的变化，实体或组织的生态位也会发生相应的调整和变化。因此，对商业生态系统中的每个实体来说，理解并找到自己的生态位是非常重要的。

（2）数字生态战略

在数字经济背景下，通过数字手段构建商业生态系统已成为必然的趋势。

数字生态是一种由数字技术驱动的商业环境，其中包含各种相互关联、相互依存的组织、平台、应用和服务，也称它为数字商业生态系统。该生态系统以数字化技术为基础，将传统的商业元素与现代化的数字工具相结合，形成一个复杂而动态的网络。在这个网络中，不同的实体（如企业、消费者、供应商、合作伙伴等）通过数字平台进行连接和互动，共同创造价值并实现商业目标。关于如何重构传统商业的数字生态，请参考第七章。

由此可见，数字化的商业生态系统与传统的商业生态系统的区别在于，数字生态以数据化形式呈现的分布式价值创造要素打破了价值不对称。对前者来说，各企业可以更加便利地获取以数据化形式呈现的资源、技术和客户信息，深度挖掘覆盖客户购买行为全生命周期的数据，精准洞察、捕捉客户的交叉融合需求。

已有学者指出，数字生态是以数据作为商业活动的资源要素，通过数据的分享与连接促进利益相关者而形成的，具备自组织和随机价值涌现特性的动态合作关系体系。在数字生态中，数据成为一种重要的资源，通过对数据的收集、分析和利用，企业能够更好地理解客户需求、优化业务流程、提升决策效率并实现创新。

>> 数据驱动的阿里巴巴生态系统

阿里巴巴生态系统就是一个典型的数字商业生态系统。它由多元化的业务构建，不仅是一个电商平台（如淘宝、天猫），还涵盖金融（蚂蚁金服）、物流（菜鸟网络）、云计算（阿里云）、数字媒体和娱乐等多个业务板块。这些业务板块相互关联、相互支持，形成了一个庞大的商业网络。

阿里巴巴的业务也是由数据驱动的，数据在阿里巴巴生态系统中是至关重要的资源。通过收集和分析用户在各平台上的行为数据，阿里巴巴能够更精准地理解客户需求，优化商品推荐，提升用户体验，并为企业决策提供支持。同时，阿里巴巴持续投资于技术创新，如人工智能、大数据、云计算等。这些技术不仅提升了阿里巴巴各业务板块的运营效率，还为其商业生态系统带来了持续的创新动力。

在这个商业生态系统中，阿里巴巴与众多供应商、品牌商、物流公司、金融机构等建立了紧密的合作伙伴关系。这些合作伙伴共同构成了阿里巴巴生态系统的重要组成部分，通过协同作用创造价值。

数字生态战略的区别

构建商业生态系统需要实施相应的生态战略，不同类型的生态系统所采用的生态战略有所不同，因此准确界定自身的数字生态类型非常重要。简单地看，有些生态系统是技术创新带来的，比如华为依靠其技术创新构建了鸿蒙生态；有些生态系统则是由其市场地位带来的，如海尔、三一重工这类传统制造型企业。

关于如何针对不同的数字生态实施对应的生态战略，可以参考第七章。

（3）多平台业务体系的演化

借鉴穆尔的生态学理论，可以构建一个基于动态视角的数字商业生态结构演化的概念模型，从抽象意义层面可以将数字商业生态结构的演化过程划分为 4 个阶段：萌芽期、成长期、繁殖期和分化期。

1）萌芽期。这是数字商业生态系统的初始阶段，涉及企业的创新活动。企业提出并验证了新的商业模式或产品，开始吸引首批客户和合作伙伴。其他实体（如供应商、分销商、互补者等）开始聚集，但整个生态系统的结构简单，互动性和依赖性相对较弱。

2）成长期。在成长期，商业生态系统迅速扩张。企业的产品或服务得到广泛认可，吸引了新客户和合作伙伴。其他实体数量增加，它们之间的连接和互动更频繁、复杂。商业生态系统开始形成自己的规则和标准，商业活动更活跃。

3）繁殖期。繁殖期是商业生态系统成熟稳定的阶段。实体之间建立了紧密的合作关系和相互依赖的网络。企业可能通过孵化新项目或投资新公司来拓展业务，生态系统的创新能力和抵御风险能力都很高。

4）分化期。随着时间的推移，商业生态系统可能分化。原有的商业模式可能面临挑战，实体可能离开或转型，新的实体和商业模式也可能涌现。整个生态系统将面临重组和变革，以适应新的市场环境和发展需求。

阿里巴巴生态系统已经是一个成熟的数字商业生态系统，借助阿里巴巴的发展历程可以更加清晰地理解数字生态的演化过程。

>> 阿里巴巴生态系统的演化

阿里巴巴是中国最大的电子商务集团之一，其业务涉及在线交易、网上商城、支付平台、生活服务、商务管理软件等。阿里系的电子商务、蚂蚁金服、菜鸟网络、大数据云计算、广告、跨境贸易等板块构成了一个完整的生态系统，吸引了各种供应商、批发商、零售商、代理商、消费者、金融机构、物流公司和广告服务商等。阿里巴巴生态系统如图 3-6 所示。

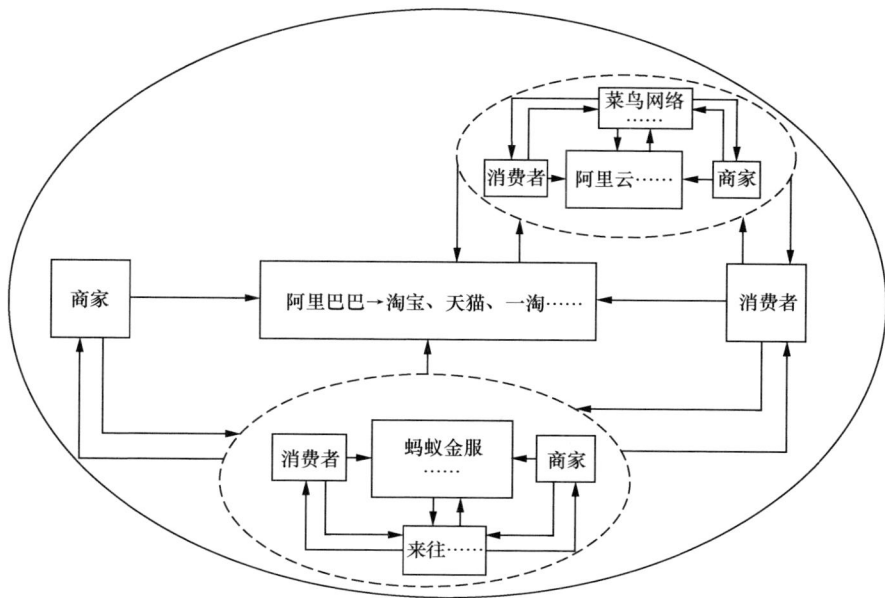

图 3-6　阿里巴巴生态系统

本书将在第七章对单一平台到多平台的演化进行进一步解读。

| 本章小结 |

本章主要讨论了如何构建数字生态企业，并特别强调了中台、创新模式和生态战略对数字生态企业的作用及其影响。

数字生态企业不仅通过数字平台构建了一套相关联的业务体系，而且利用数字技术在数字世界对传统的商业生态系统进行重构。最终这个生态系统的目标是反哺生态的构建者发展自身业务，而整个生态系统都围绕着数字生态企业的核心价值目标展开协作与共创。首先，一家成功的数字生态企业，其最初的业务形态应符合以下基本原则：构建具有网络效应的服务，进行有效的补贴，并具有锁定参与者的黏性。其次，企业领导者需要知道如何基于平台进行创新，以及如何利用中台和平台型组织提供服务保障。最后，适当的生态战略能使企业不断发展，衍生出更多新业务，并在市场竞争中处于有利的生态位。

这个过程也是数字生态企业利用数字技术在数字世界中对传统的商业生态系统进行重构的过程，通过这个过程可以厘清生态级数字化转型的脉络。本书第四章到第七章将详细讨论构建数字生态的过程。

第四章

平台冷启动

平台冷启动就像一场只有一次机会的爬山比赛，只有成功登顶才能领略最美的风景，获得应有的荣誉。

1 数字生态企业初期发展的核心目标是什么?

2 如何定义平台型业务的"临界值"? 怎样识别和达到这个临界值?

3 用户留存的规则设计应考虑哪些因素？如何实现用户的"锁定效应"？

本章将讨论如何冷启动一个新的平台型业务，其过程不但适用于企业创建第一个平台型业务，也适用于在已有平台型业务基础上创建第二个或者更多的平台型业务。

平台型业务的冷启动虽然不是构建数字生态的全部内容，但却是大多数平台型业务的起点，这对构建完整的数字生态是非常关键的一步。只有平台顺利地冷启动，才能让数字化企业进入高速发展阶段。

一、核心目标：达到临界值

构建完整的数字生态是一个比较复杂的命题，讨论平台型业务如何顺利地启动将是一个很好的切入点。

在平台建立初期，我们应该始终将目标锁定在"如何更快地、成本更低地吸引用户，并且让这些用户留下来"，这将是平台型业务启动的关键。

数字生态企业的平台启动与以往平台型业务启动的方法不一样，原因是传统平台型业务有可能依赖某个已经成熟的线下业务，这个业务本身不依赖数字化的在线平台也可以正常运作，只是平台型业务将会提高协作效率，降低企业的运营成本，提升用户体验。这类平台的代表有欧冶云商、链家等。

平台启动的初始目标之所以设定为吸引用户和让用户留下来，主要的原因有以下几个。

1）从零开始构建新业务。数字生态企业不完全依赖某个核心企业，而是从零开始构建新业务。

2）吸引新的用户群。即便是数字生态企业已经依赖某个核心业务构建了第一个平台，但是第二个新业务依然面临着重新聚拢参与者的挑战，原有的资源不太可能完全满足新的需求。比如，当链家的模式向贝壳找房的生态模式演化时，第三方经纪公司和经纪人就是贝壳找房这个平台所希望吸引的新的参与者。

3）寻找破局点。数字生态企业在不依赖既有业务的情况下，几乎没有"护城河"，新业务的增长必须非常快，目标需要极度聚焦，否则无法快速达到业务增长曲线的临界值。企业必须在新业务达到临界值之前维持资源的投入，这一决策犹如在迷雾中抉择方向，充满了不确定性和风险。

4）行业竞争。同类型的平台可能也在追赶中，如果偏离目标，则用户规模很有可能被其他平台超过。同类竞争者突破临界值后将会很难追赶，这时企业已经投入的成本将会引发巨大的危机，企业将无法决策是否继续跟进，项目将面临失败。

5）短期不盈利。企业需要对盈利目标与初始目标进行拆分，否则难以聚焦于用户增长和留存这两个核心点。数字生态企业合理的盈利点应该在突破临界值之后再进行设计和测试，否则过早引入盈利模式的讨论会让企业失焦，导致本末倒置，既无法占领市场，也无法实现盈利。

所以，数字生态企业在启动过程中需要有一个明确的边界，即找出整个项目的临界值，将其作为切分点，设定一定的规则，做出一定的规划，同时，数字生态企业也需要找出整个目标市场的增长极限，了解平台所能覆盖的最大用户基数，并在这个数量内明确初期增长的临界点，在这个临界点之前设定对应的增长规则。

平台生态模式中存在一个 2/8 原则，即当一个平台型业务吸引了大约 20% 的参与者后，那么剩下 80% 的参与者也会被吸引到这个平台上来。这时我们直观的感受就是平台用户数量呈现爆发式的增长，即平台增长达到了临界值。

平台增长的临界值（Critical Mass in Platform Growth）是指在平台经济中，用户数量和参与度达到一个特定的阈值，使得平台的网络效应开始显著发挥作用，从而推动平台进入自我增长和加速增长的阶段。简单来说，就是平台的规模和影响力到达了一个关键点，使得它能够吸引更多的用户和参与者加入，形成正向的循环。达到和突破临界值往往能够为平台带来模式创新、功能拓展或者生态构建，从而提升平台的效率和影响力。

例如，微信增长的临界值是在 2012 年达到的，用户数量突破 2 亿。微信推出的朋友圈和微信支付、红包等功能，使得微信从一个单纯的聊天工具变成一个社交网络平台和生活服务平台，增加了用户黏性和活跃度。

>> 破局点与临界值

在平台模式中，存在破局点和临界值这两个概念，破局点有时候也被称为引爆点。具体强调哪一个，取决于平台所处的发展阶段和所面临的挑战。

在平台初创期或者转型期，可能会着重强调破局点。这是因为在这个阶段，平台需要打破当下的市场格局或者内部瓶颈，以实现用户增长、市场份额扩大等目标。找到这个破局点，对平台取得成功至关重要。

当平台进入快速增长期时，临界值可能会成为关注焦点。当一个网络覆盖的用户中有 20%～30% 加入某平台，该平台的规模将会出现爆发式增长。在平台模式下，需要利用这个特殊的"杠杆"，通过初期市场培育和投入，借助网络效应、口碑传播等手段，实现用户数量快速增长，帮助平台迅速扩大影响力，巩固市场地位。

破局点往往比临界值出现得早一些，这是因为临界值的出现意味着市场规模达到了一定程度，而破局点的出现意味着平台寻找到了吸引客户的关键方法。只有突破破局点，市场才能达到一定的规模，最终引发网络效应。

例如，对一个社交网络平台来说，破局点的出现可能意味着找到了一个能够吸引和留住用户的核心功能或"玩法"，如微信的朋友圈。而临界值的出现可能意味着达到了一个能够实现自我增长和自我维持的用户规模，如微信的用户数量达到 2 亿。

一旦出现临界值，平台型业务将快速吸引更多的参与者，而整个平台的边际运营成本也会随之降低，这无疑会加速平台型业务的成功。一个成功的平台型业务甚至只需要投入激发 20% 用户参与的成本就能达成 100% 的用户规模，这是非常有吸引力的。

>> 优步如何突破临界值

Uber 是一个基于移动应用的在线叫车服务平台，连接了乘客和司机的平台。在 Uber 的发展初期，它面临着许多挑战，包括吸引足够多的司机和乘客、建立信任度和提高品牌认知度等。通过一系列的策略和举措，Uber 成功地突破了临界值，实现了爆发式增长。Uber 突破临界值的关键因素如下。

● 补贴政策：为了吸引更多的司机和乘客加入平台，Uber 提供了补贴政策，包括对新注册的司机提供奖励，降低乘客的乘车费用。这增加了平台的吸引力，并促使更多的人尝试使用 Uber。

● 用户推荐计划：Uber 推出了用户推荐计划，鼓励用户邀请他们的朋友和家人加入平台。通过提供推荐奖励和优惠券，Uber 成功地利用社交网络的力量扩大了用户群体。

● 高质量的服务体验：Uber 注重提供高质量的服务体验，包括快速的响应时间、准确的定位、安全的支付系统等。这使得乘客和司机更愿意使用 Uber，从而树立了平台的口碑。

● 合作伙伴关系：Uber 与餐馆、零售商和其他服务企业等建立了合作关系。这些合作伙伴为乘客提供了更多的选择和价值，同时为 Uber 带来了更多的用户和收入来源。

● 全球化扩张：Uber 利用其成功的模式在全球范围内扩展业务。通过进入不同的市场和适应各种文化、法律法规，Uber 成功地吸引了全球的用户和司机。

当这些因素相互作用时，Uber 成功地突破了临界值。乘客和司机的数量快速增长，网络效应开始发挥作用。随着越来越多的用户加入平台，Uber 的价值也迅速增加，吸引了更多的投资和合作伙伴。这使得 Uber 能够进一步扩大规模，提高服务质量，并不断创新，以满足用户的需求。

二、平台冷启动的实现方式

一旦理解了平台型业务的初期目标，就可以开始设计引发爆发式增长并具有网络效应的服务了。然而，如果不遵循一些基本原则，业务可能会遇到灾难性问题。接下来先分析一些潜在的陷阱。

陷阱 1：平台参与业务导致运营成本无限增加

如果一个平台型业务不能拉动主要的参与方，让它们通过平台的服务来满足单边或者双边的需求，那么平台的构建者将不得不亲自帮助参与者完成业务对接，这样的话，当网络规模越来越大时，平台的运营成本将会变得非常高，有可能是指数级增长。

例如，在一个交易平台中，如果平台方参与了采购和销售，它将承担更多的业务运营工作。如果平台在此期间迅速发展壮大，运营成本将会随着业务的增长而迅速增加。

陷阱 2：补贴成本随着用户数量增长而增加

有些平台不注意补贴策略的设计，补贴规则没有利用规模效应降低运营成本，这会导致补贴成本随着用户数量的增长而持续增加。如果这个增加比例接近用户的增长，那么整个平台将会陷入巨大的财务危机。

例如，某些新平台在发展初期为了吸引用户，会进行大量补贴，如提供折扣券、代金券或者免费服务等，向用户提供低于成本价的商品或服务。然而，当平台通过这些补贴而吸引了大量新用户并快速成长时，可能会背负巨大的财务成本，导致成长到一定阶段时陷入财务危机。

陷阱 3：缺少让用户长期留存的机制，导致平台增长缓慢

如果平台在创建之初没有设计一个有效的用户留存机制，实现锁定效应，那么平台成长到一定阶段不再进行大规模补贴时，用户可能会转而选择竞争对手的平台，因为那里可能还会有更具吸引力的补贴政策。

例如，2010—2012 年，各团购平台为了获取用户，进行了大量的补贴和营销推广。但是，当这些优惠补贴结束时，消费者就转向其他团购平台以获取折扣，导致平台无法长期留存用户。

为了避免出现以上的问题，我们需要制定应对的策略，即遵循第三章提到的构建平台型业务需要遵循的 3 个基本原则。接下来讨论如何围绕这些原则进行业务设计。

1. 网络效应服务设计

平台需要设计一个能够激活网络效应的服务，而这种服务基于某种特定的业务规则或玩法，吸引大量用户加入平台。例如，微信的红包功能能够让用户之间相互发送红包祝福，从而吸引了大量用户加入微信平台；拼多多的"砍一刀"活动也加强了用户之间的相互联系，从而吸引更多的用户使用拼多多。

网络效应是指平台的参与者越多，用户感知和获得的效用越大。平台的

网络效应包括直接网络效应和间接网络效应。直接网络效应也被称为同边网络效应，即用户获得的效用会随着用户规模的增加而增加。例如，微信平台的用户越多，社交联系和互动的可能性就越大，这会吸引更多的用户使用微信；间接网络效应也被称为跨边网络效应，指的是平台用户（互补者）越多，就能吸引更多的用户加入。例如，淘宝上的买家越多，就能吸引更多的商家入驻，从而进一步吸引更多的买家使用该平台，如图 4-1 所示。

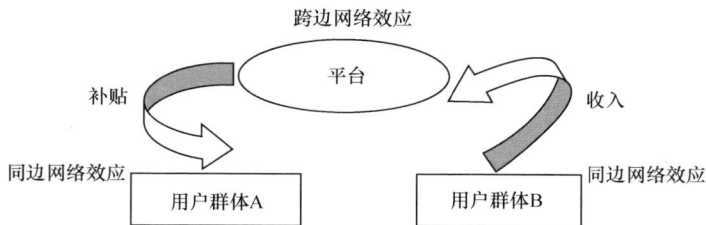

图 4-1　同边和跨边网络效应

这种网络效应使得用户最多的平台能占领市场，形成"强者更强"的效果。互联网平台具有规模效应和网络效应，具备丰富的接口以适应自身生态系统发展。许多学者提出，拥有平台类业务的企业（简称平台方）应采用先入、非对称定价、补偿等手段，尽快扩大用户规模，利用直接或间接网络效应实现"赢者通吃"的竞争效果。

≫ 淘宝的电商模式

淘宝初期的电商模式主要是 C2C 的平台模式，它为个人卖家和买家提供了一个在线交易的市场，淘宝自己并不直接参与商品的销售，而是通过提供基础设施和配套服务来收取佣金或广告费。从网络效应的角度来看，淘宝创建的是多个商家对多个买家的网络结构，构成了一个明显的双边市场。

淘宝平台在启动初期，大多数规则的制定是为了聚集大量的买家和卖家。卖家可以通过淘宝平台接触更多的潜在买家，从而扩大销售规模，降低运营成本。买家则可以在淘宝平台上找到更多的商品，享受更便捷、安全的购物体验。这种规模经济效应使得淘宝平台对卖家和买家都具有吸引力，形成了正向的循环。另外，淘宝通过建立信任体系，如卖家信誉评价、买家保障计划等，来保护用户的权益，降低交易风险。

双边市场   平台型业务通常涉及双边市场，即平台上的两类用户群体互动和连接可创造更多价值。双边市场经济学原理解释了网络效应如何推动平台型业务增长。例如，爱彼迎连接了房东和房客，形成了典型的双边市场。可选性和收益随着房东和房客数量的增加而增加。这种互动使得爱彼迎能够快速增长并创造价值。

▶▶ 拼多多如何激活多种网络效应

拼多多的业务模式成功地应用了同边网络效应和跨边网络效应。

同边网络效应指的是同一侧的用户群体因互相影响而产生价值。拼多多的同边网络效应主要体现在消费者之间。通过社交分享和拼团购买等方式，拼多多鼓励消费者邀请亲友一起购物，从而形成购物社交圈。这种社交互动不仅增加了用户间的互动频率和黏性，而且通过口碑传播吸引了更多新用户。因此，消费者间的同边网络效应使拼多多能迅速扩大用户规模，提高平台活跃度。

跨边网络效应是指由不同侧用户群体之间的互相依赖而产生价值。在拼多多的业务模式中，这种效应主要体现在消费者与商家之间。拼多多通过汇集大量消费者需求，为商家提供了庞大的潜在市场，吸引了更多商家入驻平台。同时，丰富的商品选择和优惠活动也进一步吸引了更多消费者参与拼团购物。这种正向循环使得拼多多的消费者和商家数量持续增长，从而形成了强大的跨边网络效应。

网络效应产生的最终价值又是什么呢？

以电话网为例，根据梅特卡夫定律可知：网络的价值与网络规模的平方成正比。也就是说，随着网络规模的扩大，网络的价值会呈指数级增长。

当一个电话网中只有一个用户时，这个用户没有可以通话的对象，他得到的价值为0。当第二个用户加入时，他有了一个可以通话的用户，也就是第一个用户，那么他得到的价值为1。依次类推，当第 10 000 个用户加入时，他所能通话的用户数量是 9999，对这个用户来说，电话网的价值就是 9999。但是此时，这个电话网中的连接数有多少呢？答案在表 4-1 中。

表 4-1　电话网的用户数量与连接数（单位：个）

用户数量	每个用户可以通话的对象数	整个网络中的连接数
10	9	45
100	99	4950
1000	999	499 500
10 000	9999	49 995 000

图 4-2 展示了电话网中的连接示意图。

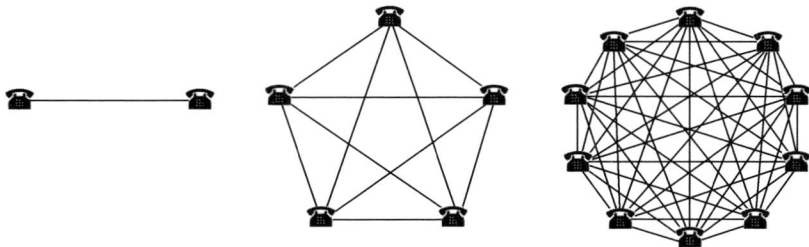

图 4-2　电话网中的连接示意图

从图 4-2 中可以看出，如果能够成功引发网络效应，用户数量的线性增长会带来用户间协作（连接）数量的指数级增长。虽然用户数量是线性增长的，但是在整个网络中，由于点对点的需求，产生的连接数量也不再是线性增长的了。

所以，当一个网络中有很多用户时，它所具备的相互连接所带来的协作价值要远比用户数量大。所以，在设计平台型业务时，要尽可能引发网络效应，带动用户加入平台，促成单边、双边、多边的业务协作。

如何判断是否实现了网络效应

可以这样判断一个平台型业务是否实现了网络效应：当新的用户加入时，这个用户获取的价值是否比先前加入的用户大，并且，先前加入的用户是否随着这个新用户的加入也获取了更大的价值。简言之，是否所有人的获得都"增值"了。如果是，那么可以判断该平台型业务实现了网络效应。

上述对是否实现了网络效应的判断是不是有点匪夷所思呢？

在传统概念里，我们购买了一个商品，而购买这个商品的其他客户并不会因为我们买了这个商品而得到比较直接的"价值"增长，因为我们对他们没有产生直接影响。比如，我们去面包店买了面包，但是同样购买面包的其他人并不受我们买面包的影响。

但是在数字时代，这个情况发生了改变。

当我们参与某个平台型业务，例如加入微信，会让先前加入这个平台的所有用户都得到价值的提升，即他们更容易与我们建立联系。而我们也获得了比先前所有用户都多的价值，即我们能够与平台上所有的用户交流，而这个交流范围因为我们的加入变得更大了。这就是网络效应的魅力所在。

激发网络效应是平台冷启动的核心任务。面对庞大的市场时，我们常常对如何吸引初期用户群体加入平台感到无助。在这种情况下，我们需要借助一些冷启动策略。本章后文将会提供更多的策略。

2. 边际成本递减的补贴策略

之前已经讨论过平台为何必须有补贴政策，本质上是因为竞争的需要。

但是如果平台的补贴无法随着用户数量的增长而持续减少，从而控制在合理的运营成本内，将会导致灾难性后果。

以下是补贴的几个原则。

补贴的原则

> 原则一：补贴应该随着用户数量的增长而不断减少。
>
> 原则二：在用户数量达到临界值之前，补贴政策要随着用户增长的幅度而调整。
>
> 原则三：在用户数量突破临界值后，补贴成本应尽可能减少至零。

如何补贴是平台模式下的一个重要的研究领域。为了帮助读者更容易地理解补贴规则的设计，这里重点讨论交叉补贴策略。

交叉补贴策略

交叉补贴策略是指平台方在双边市场中采取的一种"分而治之"的策略，用于建立或进入市场。这种策略通过对价格敏感的用户群体进行补贴来促使他们的参与，借助他们的参与来吸引另一侧的用户群体。平台方在启动阶段对一侧用户提供适当补贴，以吸引大量用户加入该平台。当这一侧的用户数量达到一定规模时，另一侧的用户通常愿意付费使用平台的服务。这样，平台方就可以通过这些用户的付费获得收益。

例如，电商平台可能会为用户提供快速的配送服务等优惠，以此吸引更多的用户加入并购买商品。同时，平台也会向商家收取一定的费用，以弥补为用户提供的优惠和服务的成本，并实现盈利。

在这种策略下，选取双边市场中的哪一边进行补贴、补贴多少，则涉及平台方具体的定价结构。该关键问题取决于双边用户对平台方的需求弹性、交叉网络效应强度、用户的单归属与多归属，以及补贴的边际成本等因素。

（1）需求弹性

需求弹性是一个度量需求量对某种因素（如价格、收入等）变化的敏感程度的指标。通常，它表示为需求量变化百分比与引发这种变化的因素变化百分比之间的比率。

在需求弹性保持不变时，平台方可以对需求弹性较高的用户进行补贴，并对需求弹性较低的用户进行收费，从而实现平台方利润最大化，因为需求弹性较高的用户会由于价格的改变而更换平台，而需求弹性较低的用户对价格敏感度不高。

例如，网约车平台可看作一个典型的双边市场，一边是乘客，另一边是司机。乘客需要便捷的交通服务，而司机则希望通过平台找到乘客并提供服务。在这个市场中，乘客通常具有较高的需求弹性。这是因为乘客可以选择多种出行方式，如公共交通、出租车、共享单车等。如果网约车平台的价格过高或服务不佳，乘客很容易转向选择其他出行方式。

因此，为了吸引更多的乘客使用网约车平台，平台会对乘客进行补贴。例如，平台提供首次使用优惠券、折扣券、积分奖励等，以降低乘客的实际支付成本。这些补贴政策可以刺激乘客的需求，增加他们在平台上叫车的频次。

（2）交叉网络效应强度

交叉网络效应

双边市场的交叉网络效应（Cross-side Network Effect）指的是，随着一边用户数量的增加，另一边用户所获得的效用或价值也增加的现象。换言之，一边用户的规模增长会促进另一边用户规模的增长，进而实现双边用户规模的共同增长。这种效应是双边市场中的重要特征之一。

交叉网络效应的强弱可以用参数 a 和 d 来衡量，它们分别代表一边用户的增加给另一边用户带来的边际收益。某一边用户的交叉网络效应越强，意味它们的增加对另一边用户的价值或需求的提升影响越大，反之，则说明它们对另一边用户的价值或需求的提升影响不大。一般来说，平台应当对交叉网络效应强的一边进行补贴，以激发更多的跨边交易，提高平台的活跃度，增加收入。

举例来说，支付卡平台是一个典型的具有强交叉网络效应的双边市场，它连接了持卡人和商户两个用户群体。持卡人的数量对商户的价值很大（a 很大），因为商户可以通过接受支付卡来吸引更多的消费者；而商户的数量对持卡人的价值相对较小（d 很小），因为持卡人可以通过其他方式支付。因此，支付卡平台的交叉网络效应参数 a 很大、d 很小，这说明持卡人对商户的交叉网络效应强，而商户对持卡人的交叉网络效应弱。

因此，支付卡平台应当对持卡人进行补贴，比如提供积分、返现等优惠，以增加持卡人的数量和使用频率，从而提高商户的参与度和支付卡平台的收入。

当然，这并不是一个绝对的规则，平台还需要考虑其他因素，比如市场竞争、用户需求弹性、平台成本等，以合理地设计和调整补贴政策。

（3）用户的单归属与多归属

单归属是指用户只在一个平台上注册交易，选择一个平台进行购买或销售。多归属是指用户在多个平台上注册交易，以比较价格、质量、服务等方面的差异，获得更好的交易体验或更多的选择机会。

一边用户为单归属而另一边用户为多归属时，应当对单归属的用户进行补贴，以吸引他们，从而尽快形成网络规模；而当双边用户都为多归属用户时，则需要在综合考量其他因素后制定补贴策略。

例如，移动支付平台可看作一个连接商户和用户的双边市场。在这个市场中，商户通常是单归属的，即倾向于选择一家移动支付平台进行合作，以简化支付流程、降低管理成本，并避免在不同平台之间的切换和比较。用户则可以同时使用多个移动支付平台，根据个人偏好、支付需求以及平台的优惠活动来灵活选择。

在这种情况下，移动支付平台可以对商户提供补贴，以吸引其加入并快速扩大网络规模。可以采取降低手续费、提供技术支持和营销资源等补贴方式。这些补贴方式可以降低商户的成本，增强其与平台的合作意愿，进而增加平台上的商户数量。

（4）补贴的边际成本

在打造平台时，平台方会努力将总成本控制在最低水平。如果用户群体的增加没有导致企业边际成本的增加，这样的用户群体就适合作为被补贴方。相反，如果用户群体的增加导致企业的边际成本上升，那么这一方就应该作为付费方。

例如，社交媒体平台是一个连接用户与内容的双边市场。用户可以浏览、点赞、分享和评论内容，内容创作者则通过发布内容来吸引关注者并与其互动。

用户数量的增长不会显著增加社交媒体平台的成本。平台的技术和运营模式允许用户数量增长而不需要耗费大量成本。一旦基础设施建好，额外用户带来的服务器和带宽的增量成本就相对较低。因此，用户群体适合作为被补贴方。社交媒体平台提供免费注册、浏览和基本互动功能，以吸引更多用户。通过增加用户规模和活跃度，平台可以吸引更多内容创作者，并提供更多内容给用户消费。

随着内容创作者数量的增加，平台的边际成本可能会上升。平台需要投入更多资源来审核、管理和推广内容，以确保内容的质量和合规性。为了吸引优质内容创作者，平台可能需要提供额外的激励措施，例如付费合作、广告分成或推广机会等。

从整体上看，交叉补贴策略是一种双边协调策略，即使每增加一个被补贴用户都会导致收益的损失，但另一边用户所带来的或即将带来的盈利却远远超过补贴支出，否则平台方将不会选取该补贴方式。

最后需要注意的是，对一个具有正反馈效应的平台来说，补贴应该随着用户数量突破临界值而尽可能减少为零，在此之前，应该持续进行补贴，以保障这一目标的实现。如果在突破临界值之前就停止补贴，反而会给竞争对手可乘之机。在平台生态的业务模式下，如果补贴的边际成本不能递减，补贴策略就很难跟得上用户数量的增长，这可能导致平台的财务困境和项目失败。补贴策略本身并不是问题所在，关键在于如何合理控制补贴成本，确保其与用户数量的增长相匹配。成功的平台通常会根据用户规模和业务发展情况来调整补贴策略，以实现可持续的用户增长和业务运营。

3. 用户留存的规则设计

平台构建过程中要特别注意用户的留存。当平台激发了网络效应，并通过补贴策略促进了用户的汇集后，提高用户留存率是关键环节。

在平台模式下，某种程度的用户锁定效应是实现用户留存的重要手段，也是与其他平台竞争的重要手段之一。

锁定效应

锁定是指一旦进入某种路径，就会沿着最初的选择一直发展下去，长此以往形成的现象便称为锁定效应。在市场经济领域，锁定效应源于用户的需求转换成本。需求转换成本是指对于需要重复购买的商品或服务，用户从原有供应商转至另外的供应商所需要付出的代价。这种代价会抵消新产品本身能够给用户带来的效益。如果新产品产生的实际效益被转换成本抵消后低于现有产品产生的效益，那么理性的用户仍然会选择现有产品，尽管这种选择并非理想中的最优解。简言之，当新产品相较于现有产品的优势不足以抵消转换成本时，用户就面临被锁定。

传统企业主要依赖营销策略，特别是价格策略，来锁定用户并维持用户黏性。然而，对于平台方，平台形式本身就对用户有锁定效应。许多平台通过这种效应保持自己的优势地位并从中获利。平台的锁定效应是网络效应的延伸。一方面，随着平台上用户数量的增加，平台对用户的价值也不断提升，用户可以从平台获得更多的效益，因此愿意继续使用该平台。另一方面，用户在退出一个具有一定规模的平台时，可能面临巨大的转换成本，因此，考虑到早期投入的沉没成本，他们可能不愿离开平台。一个具有代表性的例子就是即时通信软件微信，一旦用户注销账号，就会与该平台上的其他好友失去联系。

因此，企业可以从转换成本、用户黏性、动态定价、产品或服务差异化这几个方面考虑如何增加用户黏性，实现锁定效应。

（1）转换成本

用户如果要转向新的平台，则面临着成本耗费，主要体现为数据成本和学习成本。其中，数据成本指的是因数据难以在不同平台之间实现转移而导致用户产生的损失。用户在某个平台内使用的服务越多，其留存在平台的数据就越多，转换成本也就越高。学习成本指的是用户转移到其他平台需要额外花费的时间、精力甚至是金钱，用以适应新平台提供的服务，这类成本是客观存在的。新旧平台功能差异越大，学习成本就越高。

例如，一个企业长期使用某家云服务提供商提供的云服务来存储和管理其业务数据。然而，出于各种原因（如成本、服务质量等），该企业决定更换云服务提供商。在这个过程中，企业将面临数据成本和学习成本。数据成本涉及将数据从原云服务提供商迁移到新提供商的过程中可能产生的数据丢失、格式不兼容等问题。学习成本则涉及企业员工需要接受新云服务提供商的培训，以掌握其提供的工具和服务的使用方法等。

（2）用户黏性

用户黏性形成的基础是用户行为习惯。在多元生态系统中，具有用户黏性的平台具备多元化的商业应用场景和功能，以及各类相互交错的业务链。它能够为用户提供全方位、一体化的服务，让用户在享受便利的同时对平台形成较强的依赖性。增强用户黏性的方法有很多，比如提供个性化的推荐和内容、打造社区、激励用户的分享和传播、培养用户的习惯和情感等。此外，建立用户体系也是增强用户黏性的重要方法。平台方可以通过设计合理的用户体系来激发用户的成就感和认同感，如设置用户等级、积分、徽章等，奖励用户的活跃和贡献，形成用户的自我激励和社会激励。

例如，微信作为一款综合性社交应用，通过提供多元化的服务和功能来增强用户黏性。除了基本的聊天功能，微信还集成了公众号、小程序、支付、朋友圈等多种服务。这些服务满足了用户在社交、信息获取、购物支付等方面的需求，使得用户在日常生活中越来越离不开微信。此外，微信还通过不断更新和改进功能（如添加状态、视频号等）保持对用户的吸引力。

（3）动态定价

该定价策略又称为"不对称定价"或"差别定价"，是指互联网平台根据不同消费群体采取不同的定价方案。通过免费或低价策略，平台方能够吸引并留住特定的消费群体。当这些消费者群体规模扩大时，平台方会向另一消费群体收取高于边际成本的价格，用来抵消对特定消费群体的补贴成本。这两个消费群体相互加强和促进，直到平台方吸引并留住所有消费者。其他竞争者如果想与该平台方竞争，就必须想方设法破解这种双向锁定效应，否则无法对这个平台方构成实质性的竞争压力和约束。

例如，亚马逊通过提供 Prime 会员服务对不同消费群体采取不同的定价策略。Prime 会员可以享受免费快速配送、音乐和视频流媒体等增值服务，但需要支付年费。对经常在亚马逊购物的消费者来说，Prime 会员服务是一个具有吸引力的选择，因为它能够节省运费并提供其他增值服务。而对不经常使用亚马逊的消费者来说，他们可以选择不加入 Prime 会员，只支付必要的商品费用。这种定价策略帮助亚马逊吸引并留住了不同的消费群体，增强了消费者的黏性和忠诚度。

（4）产品或服务差异化

互联网产品或服务的收益与消费群体的偏好成正比。因此，互联网产品或服务提供商通常会提供差异化的产品或服务，如不同的产品种类、服务质量、信息结构和交易模式，以满足不同消费群体的需求并保持竞争优势。其他提供商要与之竞争，必须采用相同的策略来满足消费者需求，否则将失去竞争优势。

>> 苹果公司的"锁定"策略

以苹果公司为例,该公司最初主要专注于个人计算机的开发和销售。从 2014 年开始,苹果公司转向计算机软件、手机、平板计算机等产品的设计、开发和销售,并逐渐转型为一家提供电子设备和网络信息服务的综合型平台公司。macOS 作为平台型产品,连接了平台两端的用户,一端是终端用户,包括硬件产品购买者和平台产品及服务使用者;另一端则是软件开发商和广告商。

在平台竞争初期,苹果公司首先采用封闭式的平台竞争策略,通过软硬件结合的方式稳定用户数量。终端用户必须使用 macOS 平台才能运行软件应用程序,而软件应用程序需要与苹果公司的计算机系统软件相结合才能运行。其次,为了丰富 macOS 平台的应用程序种类并增加其数量,苹果公司采取优惠策略吸引软件开发商加入平台,为 macOS 平台提供了丰富的应用软件。这些软件有的免费,有的收费,可满足不同终端用户的需求。这种软件生态的构建也体现了动态定价的思路。

同时,为了提升用户体验,苹果公司实施了差异化的产品策略。苹果公司每年都会推出富有新意、科技感和设计感的产品,不断进行研发以更新产品,满足客户需求并提供优质的用户体验,同时吸引更多用户加入平台。随着软件开发商和广告商等用户数量的增加,终端用户数量的期望效用相应提高,而软件开发商和广告商的数量也会随着终端用户数量的增加而增加。最后,为了留住双边用户,苹果公司设计了提高转换成本的策略。苹果公司严格控制软件开发商进入其平台的门槛,并建立了严格的审核机制。这样可以保持应用程序的高质量,满足使用者的需求,提高使用者效用。随着使用者数量的增加,软件开发商可以获得更多利润,从而提高其效益。这解决了平台启动阶段"先有鸡还是先有蛋"的问题。由此,双边用户不易转移到其他技术和产品平台,用户向苹果公司所支付的成本（例如学习费用、购买产品设施等开支）让其不会轻易地放弃苹果阵营而转投到其他竞争对手的阵营。

由于IT（信息技术）行业的技术更新快、产品更迭迅速、市场竞争者众多，还有许多潜在竞争者对IT市场虎视眈眈，准备随时入场，因此苹果公司选择了动态定价、产品服务差异化和提高转换成本等竞争策略。

上述的锁定策略并不是孤立的，而是可以相互结合和补充的。平台可以根据自身的特点和目标用户的需求，选择合适的锁定策略组合来增强用户黏性和平台的竞争力。

特别注意，锁定用户需要在尊重用户权益和提供优质服务的基础上进行。过度或不合理的锁定策略可能会引起用户的不满和反感，甚至导致用户流失。因此，平台在制定和实施锁定策略时，需要权衡好用户利益和商业目标之间的关系。

三、冷启动策略拓展

除了前文提到的平台冷启动的核心策略，还可以通过以下策略在短期内促进用户数量增长。

1. 建立合作伙伴关系

在相关行业发展合作伙伴，共同推广平台。通过合作伙伴的渠道和资源，可以快速吸引潜在用户。

例如，爱彼迎在发展初期与一些大型会议和活动合作，为参会者提供住宿。这种合作模式不仅提高了平台的曝光度，也为用户提供了更多的住宿选择，从而吸引了大量用户。同样，在国内，美团在启动初期与众多商家建立了合作伙伴关系，与餐厅、电影院、健身房等合作，提供独家优惠和折扣，吸引用户前来体验。

2. 利用社交媒体平台与其他营销渠道

利用社交媒体平台与其他营销渠道进行广泛的宣传推广。精准定位目标用户群体，通过广告、内容营销和社交媒体活动等方式提高平台曝光度。

例如，Instagram 在早期通过与明星和"网红"合作，在社交媒体平台上积极推广，提供独家内容和特权给合作伙伴，以换取它们在 Instagram 上的宣传和分享。这种策略帮助 Instagram 迅速扩大了用户群体，并提高了平台的知名度。在国内，小红书精准定位目标用户群体，并在社交媒体平台上进行了广泛的营销推广，邀请明星和"网红"在平台上分享购物心得并推荐产品，吸引了大量用户关注和参与。

3. 设立邀请奖励机制

设立邀请奖励机制，鼓励现有用户邀请其他用户加入平台。给予邀请者和被邀请者一定的奖励或优惠，以激励更多的用户参与。

例如，Dropbox 实行了一种邀请奖励制度，为用户提供额外的存储空间，以激励他们邀请更多人加入平台。这种策略激励了现有用户积极推荐 Dropbox，从而实现了用户数量的快速增长。拼多多则采用了奖励邀请好友注册的机制，用户可以通过邀请好友注册并完成任务获得现金奖励或折扣优惠。

4. 举办线下活动进行推广

组织线下活动、研讨会或合作伙伴计划，吸引潜在用户的关注和参与。通过与相关行业的合作或赞助活动，提高平台的知名度，增加用户数量。

例如，在共享单车市场上，摩拜单车在发展初期投放大量单车，并在城市的重要地点组织线下活动进行推广，在地铁站、商业区等人流密集地方摆放单车，并提供免费试用和折扣优惠，吸引众多用户尝试和使用其平台。瑞幸咖啡在发展初期则是通过快速扩张线下门店和优惠活动吸引了大量用户。瑞幸咖啡在商业区、写字楼等人流密集的地方开设门店，并提供免费品尝和折扣优惠，以此增加用户的黏性和购买频率。此外，瑞幸咖啡还通过线下广告、赞助活动等方式提高品牌知名度。

5. 优化用户体验

尽管优化用户体验是一个长期的过程，但在启动阶段就开始着眼于这一点是至关重要的。确保平台的界面友好、功能完善，并及时解决用户反馈的问题，以提高客户满意度，实现口碑传播。

例如，Slack 和微信都非常注重用户体验。Slack 提供了一个简洁、易用的团队协作工具，其产品设计使得用户可以快速上手并高效地使用平台。通过不断优化用户界面和功能，并根据用户反馈进行迭代更新，Slack 吸引了越来越多的企业和团队使用其平台。而微信提供了一个功能丰富、易用的社交网络平台，其产品设计强调简洁、便捷和个性化，使得用户可以轻松上手使用。

这些方案可以在短时间内吸引更多的用户，并且适合在平台启动阶段使用。然而，需要注意的是，这些方案只是起点，随着平台的发展和市场的变化，可能需要不断调整、创新来保持用户的增长和黏性。

先有鸡还是先有蛋

平台启动阶段，最难的就是解决"先有鸡还是先有蛋"的问题。尤其在双边或多边市场中，如何通过吸引某一特定群体从而带动相关方加入，是平台需要优先处理的棘手问题。在《平台革命：改变世界的商业模式》这本书中，列举了以下8种策略。

（1）"追踪兔子"策略

这种策略的核心是通过非平台的示范项目来展示成功的潜力，从而吸引用户和生产商加入新平台。平台会选择一个具有代表性的项目，投入资源使其成为成功的案例，然后利用这个案例来宣传平台的价值和潜力。其他用户和生产商在看到成功案例后，会愿意加入平台并参与其中。

（2）背负式策略

这种策略是通过与另一个已有用户基础的平台进行合作，来吸引用户加入新平台的。平台提供示范性价值单元，将其展示给现有平台的用户，以激发他们的兴趣。通过这种方式，新平台可以利用现有平台的用户基础，快速扩大自己的用户规模。

（3）播种策略

这种策略是通过创造与一组潜在用户相关的价值单元来吸引这些用户加入平台。一旦这些用户被平台吸引，其他想要与其互动的用户也会随之加入。这就像播种一样，先吸引一部分用户，然后通过他们的社交网络和互动吸引更多的用户加入。

（4）精英策略

这种策略是通过提供奖励或优惠来吸引重要用户或影响力较大的用户加入平台。这些用户通常被称为"精英"，他们的加入会提升平台的知名度和吸引力，从而吸引更多普通用户加入。

（5）单边策略

这种策略是先围绕一个产品或服务打造一个只让单一用户群体受益的业务。然后，随着业务的发展，逐渐将它转变为平台，吸引想要与第一类用户互动的第二类用户加入。这种策略可以帮助平台在发展初期快速积累用户，为后续的发展打下基础。

（6）生产商传播策略

这种策略是指平台通过设计规则来吸引生产商加入，并鼓励它们引导其客户成为平台用户。生产商的加入会为平台带来更多的商品和服务，从而吸引更多的消费者加入。同时，生产商也会通过其渠道和网络宣传并推广平台，进一步扩大平台的知名度。

（7）"大爆炸"策略

这种策略是利用一种或多种传统的推动式营销策略，如广告、公关活动等，引发人们对平台的兴趣和关注。通过大规模的营销和推广活动，平台可以在短时间内快速提高知名度和曝光率，吸引大量用户加入。

（8）微型市场策略

这种策略是先锁定一个有成员正准备参与互动的小市场作为目标市场。平台会在这个小市场内提供有效的匹配特征和服务，满足用户的需求并建立良好的口碑。通过这种方式，平台可以在发展初期快速积累用户和经验，为后续拓展更大的市场打下基础。同时，这个小市场也可以作为平台的试点和示范项目，用于展示平台的价值和潜力。

｜本章小结｜

本章主要讨论了如何冷启动平台，并给出了一些具体的策略。首先探讨了平台启动的3个基本原则及对应的方案。在设计能引发网络效应的服务时，我们必须同时考虑同边网络效应和跨边网络效应的形成。在制定补贴策略时，我们可以充分利用需求弹性、交叉网络效应强度、用户的单归属与多归属以及补贴边际成本递减这几个特性来做出具体的补贴方案。在设计用户锁定方案时，应充分考虑用户的数据成本和学习成本、用户黏性、动态定价以及产品或服务差异化。

本章提出了 5 个延伸的冷启动策略：建立合作伙伴关系、利用社交媒体平台与其他营销渠道、设立邀请奖励机制、举办线下活动进行推广以及优化用户体验。

本章还探讨了平台启动阶段"先有鸡还是先有蛋"的问题，并列举了 8 种解决这类问题的策略。

平台的冷启动是一个具有挑战性的工作，平台能否顺利达到临界值是平台存活的关键。否则，平台将会面临用户数量的急剧下降，并遭遇断崖式的业务下跌。

第五章

数字生态企业的创新法则

创新就像一个不断加速的飞轮，只有持续地推动它，企业才能保持发展动力，实现长远的成功。

1 平台型业务的 S 型曲线有哪些关键阶段？每个阶段企业应关注哪些问题？

2 网络效应驱动的创新与 S 型曲线创新有何不同？企业如何结合这两种增长模式？

3 企业如何识别并利用第二曲线创新的最佳启动时机？

本章将讨论数字生态企业应如何创新。

过去，我们常常将 S 型曲线和网络效应这两种增长模式视为同一种模式，认为它们描述的是同一种现象。然而，它们的增长动力完全不同。因此，我们需要区分并同时考虑这两种增长模式。

另外，在数字生态企业的平台顺利启动后，需要立即启动第二曲线创新，因为企业能够长期保持活力的根本原因是找到不断突破原有业务形态的非连续创新方法。

一、S 型曲线思维

数字生态企业的平台型业务（包括其网络效应的产生、生态业务的拓展）具有 S 型曲线的特性。所以，理解 S 型曲线有助于数字生态企业进行业务规划。

1. 平台型业务的 S 型曲线

许多数字生态企业通过网络效应来支撑平台的成长。若数字生态企业希望获得网络效应，则平台的用户必须达到存活的最低临界值，以维持平台的基本运转。

在陈威如、余卓轩所著的《平台战略：正在席卷全球的商业模式革命》一书中，提到了图 5-1 所示的 S 型曲线成长模型。

纵轴代表的是平台的实际用户数量（实际市场份额），而横轴代表的是在至少有多少个用户加入平台的情况下，其他用户才愿意跟着进入平台，也就是最低意愿门槛（预期市场份额）。45° 线表示当实际市场份额与预期市场份额相吻合时的分界线。S 型曲线则是一般平台用户规模的发展进程，它与 45° 线有 3 个交会点——X、Y、Z，分别代表 3 个市场份额的均衡状态。

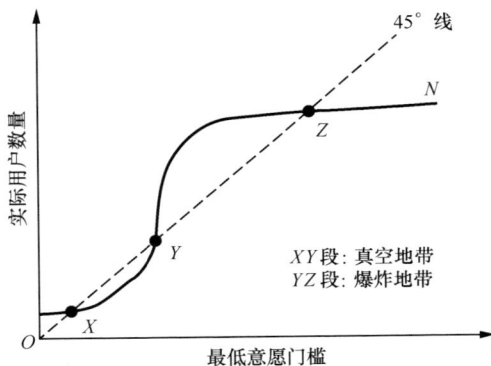

图 5-1 平台型业务的 S 型曲线

基于此，我们可将平台型业务的发展阶段分为平台初创期、成长期、发展期和规模期，分别对应图中的 OX 段、XY 段、YZ 段以及 ZN 段。

平台成长前两个阶段的关键是聚集用户并使其达到一定量级，从而为平台后续盈利模式的展开打好基础；对于后两个阶段，则需更加关注平台的盈利模式、竞争策略等。

临界存活点 X 左侧是平台的初创期，此时除了小部分"创新者"愿意尝试使用新平台，大部分人对这一新兴平台持观望态度，X 点的市场占有率太低。因此，平台方面临的最大挑战是将用户规模由 X 点推升至破局点 Y，即弥补 X 点与 Y 点之间网络效应的"真空地带"。若无法突破破局点，平台将很难成长；若平台成功地引发了网络效应，则用户数量将会在 Y 点与 Z 点间呈指数级增长，到达网络效应的"爆炸地带"，即平台成长最迅速的阶段。

以一个简单的例子来说明。如果某个用户认为有30%的亲友已经使用了微信，他就会愿意通过微信与他们联络。但是，如果目前微信的亲友使用率只有20%，那么他可能就不会急于使用微信进行沟通。如果他周围的朋友也有同样的认知，这种预期就会逐渐变为事实，微信的市场占有率就无法突破这个破局点——Y 点。

在 X 点至 Y 点之间，参与的实际人数总是明显低于达到最低意愿门槛的人数，因此很难再吸引新成员加入。更严重的是，原先已进驻平台的人们可能因为预期的需求无法得到满足，最终在失望中选择退出。这将导致平台的发展停滞，甚至萎缩。我们可以说，X 点与 Y 点之间是网络效应的"真空地带"，也是令多数平台"阵亡"的瓶颈区。若无法推动用户数量至 Y 点，市场的实际用户数量很可能将倒退至 X 点。

2. 对破局点的识别

李善友所著的《第二曲线创新》一书中对 S 型曲线的破局点进行了描述。破局点的到来意味某些数字生态企业所面临的业务发生了改变，主要表现形式如下。

1）单一要素发生倍数级变化：当企业所处的行业或市场中的某一单一要素（例如技术革新、顾客需求、供应链等）发生倍数级变化，这可能预示着破局点的到来。这种变化往往意味着行业或市场的规则和结构发生了根本性改变，为企业提供了新的增长机会。

2）价值网络的重构：当行业或市场的价值网络发生重构时，新的价值主张、商业模式和合作伙伴关系的出现可能意味着破局点的到来。这种重构往往会引发行业或市场竞争格局的重大变化，为企业提供新的增长空间。

3）创新产品的出现：当企业推出具有突破性的创新产品或服务，并且得到市场的积极反馈和认可时，可能预示着破局点的到来。因为这种创新产品往往能够满足市场的新需求或解决用户的新问题，为企业打开新的增长通道。

4）组织能力的提升：当企业通过技术创新、组织变革等方式提升了自身的组织能力，例如研发能力、生产能力、营销能力等，这些能力提升可以转化为市场竞争优势，这也可能意味着破局点的到来。因为这种能力提升能够帮助企业抓住新的市场机会，实现快速增长。

S 型曲线中的破局点是洞察趋势得出的，所以判断的方法并不是绝对的，而是需要视具体的行业和市场环境而定。

3.S 型曲线对数字生态企业的启示

我们之前提到的网络效应背后有着经济理论的支撑，主要表现在梅特卡夫定律、规模经济以及正反馈效应等规律的现实应用上。而 S 型曲线发展模式则是对过去众多企业实践总结出来的规律。那么 S 型曲线对数字生态企业发展的意义又是什么呢？

接下来分析 S 型曲线对数字生态企业的指导作用。

（1）指导产品开发和改进

通过观察 S 型曲线的轨迹和趋势，数字生态企业可以了解产品或服务所处的生命周期阶段，从而指导产品的开发和改进。在增长阶段，企业可以加大投入，加速产品功能和服务的扩展；在成熟和衰退阶段，企业需要关注产品的持续改进和优化，以延长生命周期并保持竞争力。

（2）预测市场趋势和竞争态势

S 型曲线可以帮助数字生态企业预测市场趋势和竞争态势的变化。通过观察 S 型曲线的形状和变化速度，企业可以判断市场的饱和程度、竞争对手的动态以及用户的需求变化，从而调整战略和业务模式以适应市场变化。

（3）制定合适的定价策略

S 型曲线可以帮助数字生态企业制定合适的定价策略。在增长阶段，企业可以采取较低的定价来吸引更多的用户；在成熟和衰退阶段，企业可以逐步提高定价以维持利润水平。同时，企业还可以根据网络效应的强度和客户价值来调整定价策略，以实现收益最大化和业务持续增长。

（4）管理用户期望和关系

S 型曲线可以帮助数字生态企业管理用户的期望和关系。通过观察 S 型曲线的轨迹和变化，企业可以了解用户对产品的期望和需求的变化，及时调整和改进服务。同时，企业还应注重与用户的沟通和互动，建立长期稳定的客户关系，以增强网络效应和用户黏性。

总之，借助 S 型曲线，数字生态企业可以更好地理解创新的轨迹和网络效应的形成过程，从而制定合适的创新战略和业务模式，来实现持续增长和保持竞争力。

二、创新战略

数字生态企业的创新不仅基于 S 型曲线模型，而且还受到网络效应的影响。我们需要将这两种创新增长模式进行统一，以便发现更好的创新模式。

1. 基于网络效应的创新模式

在本书所倡导的增长策略中，激活网络效应是最重要的。S 型曲线增长在某种程度上体现了这一增长策略。但是，S 型曲线增长和网络效应驱动的创新并不完全一样。例如，网络效应驱动的创新并不像 S 型曲线那样考虑了完整的业务成长生命周期，这样就无法从全局考虑如何发展平台型业务。

S 型曲线可以独立于网络效应来实现，过去有些没有平台型业务的企业仍然遵循 S 型曲线的发展规律。S 型曲线可以带动企业实现倍数级增长，而网络效应则能引发指数级增长。因此，S 型曲线与网络效应的结合和互动是企业不能忽视的。当同时利用这两种增长模式时，企业的发展速度将超过仅遵循 S 型曲线发展规律的企业。

平台型业务存在 S 型曲线创新和网络效应这两种增长模式，如图 5-2 所示。横向代表平台应用了网络效应的情况，左、右方向分别代表网络效应的强、弱；纵向代表平台应用了 S 型曲线增长的情况，上、下方向分别代表这一增长模式的强、弱，由此产生了 4 种发展战略。

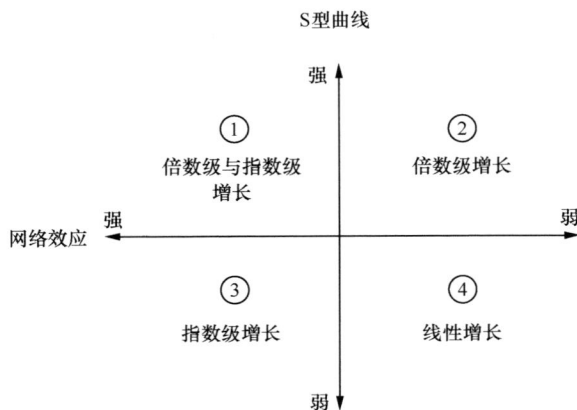

图 5-2　S 型曲线与网络效应驱动增长

（1）第 1 种：基于网络效应的 S 型曲线的创新发展战略

将 S 型曲线和网络效应结合在一起制定数字生态发展战略，具有以下优点。

1）深入理解用户增长和互动：通过将 S 型曲线和网络效应相结合，企业可以更深入地理解用户增长和互动的动态。S 型曲线可以帮助企业了解平台型业务所处的生命周期阶段和增长轨迹，而网络效应则可以揭示用户之间的互动和价值创造过程。这种深入理解可以促使企业制定更有针对性的创新战略，以满足用户在不同阶段的需求和期望。

2）利用网络效应加速增长：网络效应可以帮助数字生态企业创造正向反馈循环，加速用户增长和互动。利用用户之间的互动和社交传播，企业可以更快地吸引新用户并提高用户活跃度。在制定创新战略时，结合网络效应，考虑如何激发和利用用户之间的互动，加速创新的扩散及发展，从而推动平台的快速增长。

3）延长平台生命周期：S型曲线揭示了平台型业务的生命周期阶段，而网络效应则可以为企业带来更为持久的业务上升，把S型曲线的"发展期"阶段拉长。通过在成熟和衰退阶段引入新的功能和服务，激发网络效应，企业可以延长平台的生命周期并保持竞争力。这种结合可以使企业在不同阶段都能够持续吸引和满足用户的需求，从而实现长期稳定的增长。

平台创新战略的选择

将S型曲线和网络效应结合在一起制定数字生态发展战略有更多的好处，企业需要综合考虑这两种创新增长方式。

图5-3显示了S型曲线和网络效应叠加的作用区间。

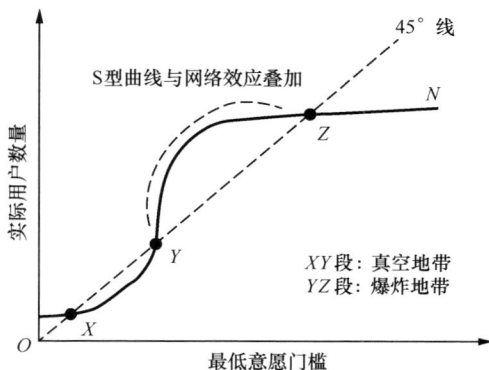

图5-3　S型曲线与网络效应叠加的作用区间

（2）第2种和第3种：基于S型曲线的发展战略 vs. 基于网络效应的发展战略

观察第2种和第3种发展战略，它们分别是基于S型曲线制定的发展战略和基于网络效应制定的发展战略。

它们之间存在的一些不同之处如下。

1）战略重点：完全基于 S 型曲线创新的战略重点在于关注平台型业务的生命周期和增长轨迹。它在增长阶段侧重于扩大用户规模、增加市场份额，而在成熟和衰退阶段则注重持续改进和优化。这种战略关注平台自身的发展轨迹，但可能忽视了用户之间的互动和网络效应的形成。

相比之下，基于网络效应的战略则更加注重用户之间的互动和价值创造。它强调通过网络效应来激发和利用用户之间的互动，加速创新的扩散及发展。这种战略将网络效应作为核心驱动力，通过激发和利用用户之间的互动来推动平台的增长和发展。

2）创新方向：完全基于 S 型曲线的战略创新可能更加关注平台功能和服务的扩展及改进，以满足用户在不同阶段的需求。它侧重于连续创新，旨在延长平台的生命周期并保持竞争力。

而基于网络效应的战略则更加注重用户之间的互动和价值创造。例如，它鼓励用户参与和贡献，通过用户生成的内容和社交互动来创造网络效应。这种战略更加倾向于突破性创新，旨在通过引入新的功能和服务来激发网络效应，推动平台的快速增长和市场份额的扩大。

3）增长动力：完全基于 S 型曲线的战略的增长动力主要来自平台自身的发展和市场需求的增长。它通常通过改进平台的功能和扩展平台的服务来吸引更多的用户，并通过市场营销手段来提高用户活跃度，增加收入。

对比来看，基于网络效应的战略的增长动力来自用户之间的互动和价值创造。这种战略注重用户之间的正向反馈循环和价值共创，通过用户之间的互动来推动平台快速增长。

（3）第4种：传统平台的线性发展战略

线性增长意味着企业的增长速度是恒定的，即每增加一单位投入，产出也会以相应的比例增加。然而，在实际情况中，许多因素可能会影响企业的增长模式。

首先，市场环境和竞争状况可能会对企业的增长模式产生影响。如果市场处于快速增长阶段，或者企业面临较少的竞争，那么即使未借助 S 型曲线和网络效应，企业的业务也可能呈现高速增长。

其次，企业的商业模式和战略选择会影响其增长模式。例如，如果企业采用了一种独特的商业模式或者战略，那么它可能会在某些方面实现快速增长，而在其他方面则增长较慢甚至出现负增长。

最后，企业的资源和能力也会影响其增长模式。如果企业拥有某些独特的资源或者能力，即使没有借助 S 型曲线增长和网络效应，它也可能会在某些方面实现快速增长。

因此，一家没有采用 S 型曲线和网络效应的平台型业务的企业所呈现的增长模式是多样的，为了对比方便，把它们统称为线性增长。

在以上 4 种发展战略中，强烈建议企业考虑第 1 种，基于网络效应的 S 型曲线的创新发展战略将会让平台迅速发展壮大，取得市场先机。

2. 倍数级增长模式

获取倍数级增长是平台型业务最重要的工作，也是快速突破临界值、成功占领市场的路径。

先探讨投入产出比。在达到阈值之前，可能投入 1，产出却只有 1/10，产出远低于投入。但是一旦突破了阈值，投入 1，产出可能就是 10，这就是"十倍速增长"的秘密。一旦突破了最小切口的阈值，将获得巨大的回报。因此，数字生态企业应该把获取倍数级增长作为第一优先级目标。

（1）引发倍数级增长的方法

如果把 S 型曲线创新和网络效应放在一起考虑，以指引企业实现业务高速增长，可以采取什么样的策略呢？

为了实现倍数级增长，可以参考以下方法。

1）创造颠覆性产品或服务。通过创造颠覆性产品或服务打破现有市场的规则和格局，从而创造新的增长机会。这种产品或服务应该具有独特性、创新性和价值性，能够吸引大量的用户和市场份额。

2）利用指数型技术。指数型技术是一种具有爆发性增长潜力的技术，如人工智能、区块链等。利用这些技术，企业可以加速创新和产品迭代的速度，从而实现倍数级增长。

3）构建数字生态。构建一个基于平台的数字生态，吸引大量的开发者、合作伙伴和用户，从而共同推动创新的发展和增长。通过开放 API、提供开发工具和支持、建立合作伙伴关系等方式，不断扩大生态系统的规模和影响力。

4）实施精益创业战略。精益创业战略强调快速迭代、小步快跑和持续创新。通过快速试错、收集反馈和调整方向，企业可以迅速适应市场的变化和需求，从而实现倍数级增长。

5）建立品牌和用户忠诚度。通过建立强大的品牌和用户忠诚度，企业可以形成竞争优势和口碑效应，从而吸引更多的用户和市场份额。这需要通过提供优质的产品和服务、提升用户体验、建立社区和用户互动等方式来实现。

6）利用社群盈利思维。社群盈利思维强调利用社群的力量来推动创新和增长。通过建立社群、吸引粉丝、提供价值和互动等方式，企业可以与用户建立紧密的联系和信任感，从而实现快速的用户数量增长和市场份额提升。

7）跨越非连续性。要实现倍数级增长，就需要跨越非连续性，从第一曲线及时跳转到第二曲线。这需要企业在第一曲线到达极限点之前敏锐地察觉市场变化和客户需求的变化，及时调整战略和业务模式，进入第二曲线的创新轨道。本章后文将会具体阐述第二曲线创新。

这些方法并不是孤立的，而是需要相互配合和协同作用。同时，实现倍数级增长也需要企业具备团队协同、创新文化和执行力等关键因素。第六章将会着重讨论如何用中台思维让企业实现组织的协同创新。

（2）如何判断是否实现了倍数级增长

判断是否实现了倍数级增长，可以使用以下几种方法。

1）数据对比。通过比较企业在不同时间段的数据，计算企业在不同时间段的增长率，这样可以直观地了解增速的变化。例如，可以比较企业在创新前后的销售额、利润、市场份额等关键指标，观察是否存在明显的增长趋势。如果这些数据在创新后呈现快速增长的特点，那么可能意味着企业实现了倍数级增长。

2）市场反馈。通过观察市场对企业产品或服务的反馈，也可以判断是否达到了倍数级增长。例如，可以关注用户对产品的评价、媒体报道、竞争对手的反应等，了解市场对企业创新的接受程度和认可程度。如果市场反馈积极，并且呈现出快速增长的趋势，那么可能意味着增速明显加快。

3）业务拓展。企业在创新后的业务拓展情况也可以作为判断增速是否达到倍数级增长的依据之一。例如，可以关注企业是否成功进入了新的市场、推出了新的产品或服务、建立了新的合作伙伴关系等。如果企业在这些方面取得了显著的进展，并且呈现出快速增长的趋势，那么可能意味着增速明显加快。

以上只是对企业是否实现倍数级增长进行判断的一些思路，并不能直接说明增长的确切倍数。而且，增速是一个相对的概念，需要根据具体的行业和市场环境进行评估、比较。

判断企业是否实现了倍速级增长，对如下事项具有重要作用。

1）战略决策参考：判断企业是否实现了倍数级增长可以为企业的战略决策提供参考。如果确实实现了倍数级增长，就说明企业的创新战略和执行力得到了市场的认可，企业可以继续加大投入，扩大市场份额。反之，如果未能实现倍数级增长，那么企业需要重新审视创新战略和执行力，寻找原因并采取改进措施。

2）衡量创新效果：倍数级增长实现与否是衡量企业创新效果的一个重要指标。创新是企业发展的重要驱动力，但是创新的效果往往难以直接衡量。通过判断企业是否实现了倍数级增长，可以对企业的创新效果进行量化评估，从而更好地了解创新的贡献和价值。

3）吸引投资：对投资者来说，实现倍数级增长的企业具有很大的吸引力。因为这种高速增长意味着企业具有巨大的发展潜力和市场机会，投资者可以通过投资来分享企业的增长红利。判断企业是否实现了倍数级增长对于吸引投资者和资本具有重要意义。

综上所述，判断一个企业是否实现了倍数级增长具有重要的战略意义和市场价值。

三、第二曲线创新的意义

《第二曲线创新》中提到，当企业面临第一条增长曲线的极限时，唯有通过创新才能开启第二条增长曲线，从而实现持续的增长和发展。这种持续进行非连续创新的过程是保持企业活力和长久发展的根本。

1. 第二曲线创新的定义

第二曲线创新意味着企业或组织需要在其当前业务或产品还在增长时，就开始寻找和开发新的业务或产品，以应对未来的市场变化和竞争压力。这种创新通常需要企业具备前瞻性思维和创新能力，能够敏锐地洞察市场和技术的变化，并及时调整战略和业务模式。

第二曲线创新的重要性在于，可以帮助企业或组织避免陷入衰退期，并保持持续增长。当第一曲线到达顶点就要开始下滑时，企业可以利用在第二曲线上已经积累的经验和资源快速切换到新的业务或产品上，从而实现无缝衔接和持续增长。

在实践中，很多企业都成功地实施了第二曲线创新。例如，苹果公司在 iPod 业务还在快速增长的时候就开始研发 iPhone 和 iPad 等新产品了；亚马逊也在电子商务业务还在快速增长的时候就开始布局云计算和人工智能等领域，为其后的业务增长打下了坚实的基础。

2. 业务增长瓶颈的判断

对于 S 型曲线的业务增长是否已经到达顶点并开始下滑，可以从以下几个方面进行判断。

1）业务增长率变化：观察业务增长率的变化趋势。业务增长率开始放缓甚至出现负增长，可能意味着业务已经接近或到达了 S 型曲线的顶点，并开始进入下滑阶段。

2）市场份额变化：监测企业在相关市场上的份额变化。市场份额开始下降，可能意味着该业务的增长已经到达顶点，竞争对手或市场饱和度等因素导致了业务增长率下滑。

3）客户需求变化：密切关注客户需求的变化趋势。客户对产品的需求开始减少或转移，可能意味着该业务已经到达了 S 型曲线的顶点。这可能是市场饱和、技术更新或客户偏好变化等原因引起的。

4）创新能力变化：观察企业在产品或服务创新方面的表现。创新能力减弱或新产品推出速度放缓，可能意味着企业已经接近或到达了 S 型曲线的顶点。这可能是技术瓶颈、研发资源不足或创新文化缺失等原因导致的。

5）竞争态势变化：分析竞争对手的动态和市场竞争态势的变化。竞争对手的数量增加、实力增强或市场份额扩大，可能意味着该业务的增长已经到达顶点，并开始面临更激烈的竞争。

此外，市场环境的变化也可能导致 S 型曲线的形态发生变化。

另外，平台基于网络效应的增长一样会遇到现有业务增长放缓，需要借助新的业务继续增强网络效应的情况。以下是一些相关的案例，可以进一步说明网络效应和第二曲线创新之间的关系。

（1）阿里巴巴与支付宝

阿里巴巴通过电商平台的网络效应吸引了大量的卖家和买家。为了进一步增强网络效应，阿里巴巴推出了支付宝，解决了在线交易的支付信任问题。支付宝的推出不仅增强了阿里巴巴平台的网络效应，而且其作为一个独立的金融服务平台实现了自身的网络效应。在这个过程中，阿里巴巴进行了第二曲线创新，通过支付宝创造了新的增长点。

（2）苹果公司的 iPod 与 iTunes

苹果公司通过 iPod 和 iTunes 的组合实现了音乐产业的数字化和网络化。iPod 的创新设计和用户体验吸引了大量的用户，而 iTunes 则提供了一个合法的音乐下载平台，增强了网络效应。随着音乐市场的变化，苹果公司又推出 Apple Music，进行了第二曲线创新，以此提供更全面的音乐服务和更好的用户体验。

（3）腾讯的微信与小程序

腾讯通过微信社交网络平台实现了巨大的网络效应，吸引了数亿用户。为了进一步增强网络效应和应对竞争，腾讯推出了微信小程序，提供了一个轻量级的应用程序平台。小程序的推出不仅增强了微信的网络效应，而且作为一个新的应用开发平台实现了自身的网络效应。

（4）亚马逊的电子书与 Kindle

亚马逊通过电商平台实现了巨大的网络效应。为了应对数字化趋势和竞争，亚马逊推出了 Kindle 电子书阅读器和电子书服务。Kindle 的创新设计和用户体验吸引了大量的读者，而亚马逊的电子书服务则提供了一个丰富的图书资源平台，增强了网络效应。这个过程即亚马逊进行的第二曲线创新，通过 Kindle 和电子书服务打破了原有的图书销售模式，创造了新的增长点。

这些案例都展示了网络效应和第二曲线创新之间的关系。数字生态企业需要通过创新和变革来保持网络效应及持续增长，第二曲线创新就是一种有效的策略。

第七章将会从生态系统的视角来深入探讨这一与增长有关的话题。

3. 最佳启动时机

查尔斯·汉迪指出，在第一曲线到达巅峰之前找到驱动企业二次腾飞的第二曲线，并且第二曲线必须在第一曲线到达顶点之前开始增长，企业永续增长的愿景就能实现。第二曲线的启动时机如图 5-4 所示。

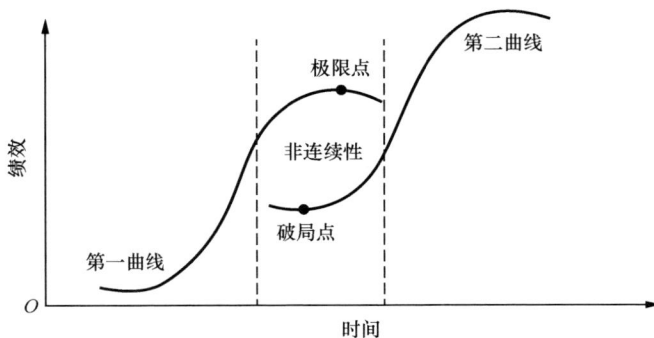

图 5-4 第二曲线的启动时机

第二曲线创新的最佳启动时机应接近破局点，而不应接近极限点。

破局点是业务开始呈现爆发式增长的点，是企业开始迈入高速增长阶段的标志。然而，破局点并不是极限点，企业还有很长一段时间可以实现业务增长。因此，在接近破局点时启动第二曲线创新是最佳的时机。

极限点是业务增长的最高点，也称为"失速点"，是增长开始放缓并逐渐下降的点。企业接近极限点时，通常已经处于市场的领先地位，拥有稳定的客户和收入来源。但是，这也意味着企业已经到达了第一曲线的巅峰，未来的增长将逐渐放缓。因此，在极限点附近启动第二曲线创新为时已晚，企业可能会错过新的增长机会。

相比之下，当第一曲线接近破局点时，企业仍然处于快速增长的阶段，但是增长的速度已经开始放缓。这时启动第二曲线创新，企业可以在第一曲线到达巅峰之前就开始对新的增长点的探索和开发。这样企业不仅可以避免在第一曲线下滑时陷入困境，还可以抓住市场机遇，占据有利地位，为未来的增长打下坚实的基础。

因此，第二曲线创新的最佳启动时机是在接近破局点时，而不是接近极限点时。这需要企业有敏锐的市场洞察力和数据驱动的分析能力，以便及时发现增长放缓的迹象并开始规划和启动第二曲线创新。

≫ 微软在云业务上的曲线创新

微软是全球最大的 PC（个人计算机）软件提供商，然而，在移动互联网时代，微软的战略布局显得迟钝而缓慢。其中，收购诺基亚被市场视为微软的转折点，被称为微软的"滑铁卢"。随后，由于产品推出失去了先发优势，市场对微软产生了质疑。例如，类似于 iPod 的 Zune、谷歌搜索引擎的 Bing 搜索服务，以及 iOS 和 Android 的 Windows Phone，它们都因为推出时间晚于竞争对手 3 年以上，被竞争对手"围剿"并受到了批评。几乎全世界的媒体都在宣判微软的"死刑"，理由是"手机崛起，PC 衰落"，微软的市值也陷入了低谷。

进入"纳德拉时代"，微软开启了"刷新"之路。微软首席执行官纳德拉顶着巨大的压力和质疑采取了以下措施：一是重新定位了微软的使命，将其变更为"为他人赋能"，强调赋能合作伙伴以及生态的意义；二是重新定义了公司战略，确定以"云为先，移动为先"的指南；三是结合使命与战略，重新调整了包括文化和组织在内的软实力，实行"真正开放"，同时强调组织内部的合作精神，最终保证这艘沉重的大船顺利转向。

微软的曲线增长过程如图 5-5 所示。

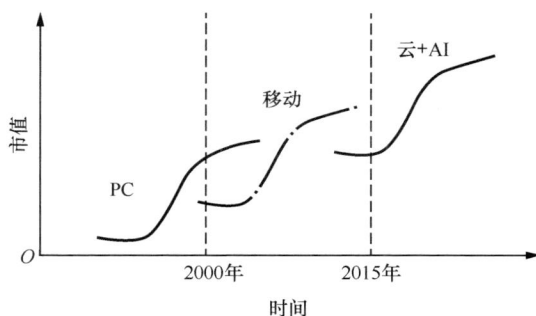

图 5-5　微软的曲线增长

这种战略调整的效果是显而易见的。在 2014—2019 财年，不论是传统业务，如 Office、Windows，还是新兴的 Azure 云计算平台，大体呈增长的态势，如表 5-1 所示。目前微软业务的收入构成中，以 Office、Windows 为代表的传统业务依旧强劲，同时 Azure 云计算平台又为公司提供了新的增长引擎。

表 5-1　2014—2019 财年微软收入情况（单位：亿美元）

产品线	财年					
	2014	2015	2016	2017	2018	2019
Office	243	235	236	256	283	318
Server（含Azure云服务）	171	186	192	216	261	326

产品线	财年					
	2014	2015	2016	2017	2018	2019
Windows	169	148	147	186	195	204
Xbox（游戏机）	86	91	94	91	104	114
Bing（搜索）	40	46	61	62	70	76
Enterprise Service（企业服务）	48	50	56	55	58	61
Surface平板（含手机业务）	50	106	74	51	51	61
LinkedIn（领英）	—	—	—	23	52	68
其他	62	62	59	26	28	31
汇总	869	924	919	966	1102	1259

从第二曲线创新的角度看，微软的第一曲线是其传统的软件业务，包括 Windows 和 Office 等产品。这条曲线在过去的几十年中为微软带来了巨大的成功和收益。然而，随着市场的变化和技术的进步，微软意识到需要寻找新的增长点。于是，微软开始投资云计算技术，并推出了 Azure 云计算平台，这是它的第二曲线。这条曲线代表了微软从传统的软件销售模式向提供云服务的模式的转型。通过 Azure 云计算平台的成功推出和不断发展，微软成功地实现了 S 型曲线创新，基于传统业务开拓了新兴业务，不仅保持了持续的增长，还在未来的竞争中占据了有利的地位。

｜本章小结｜

本章主要讨论了数字生态企业的创新方法、第二曲线创新的概念及其重要性，并通过具体案例进行了解析。

过去，我们通常将 S 型曲线与网络效应驱动的增长分开看待，而现在我们将它们合二为一，形成基于网络效应的 S 型曲线发展战略。同时，第二曲线创新也是数字生态企业常用的创新战略：基于原有的平台型业务，企业可以通过资源整合、数据驱动方式探索新业务，从而形成更多新的业务服务。这不仅可以为企业带来更多收入来源，还可以形成丰富的多元化业务，以更好地服务客户并增强用户黏性。

至于何时开始第二曲线创新，我们目前已经有了明确的认知：在第一个业务增长开始时就需要探索新业务，并在第一曲线到达巅峰之前成功孵化出新业务并加速其成长。微软的案例说明了这一战略的重要性。

第六章
构建中台与平台型组织

中台是核心，就像发动机一样提供动力，而平台型组织则是让动力发挥作用的团队，确保企业高效运转。

1 中台在数字生态企业中扮演什么角色？为什么它对企业高效运转至关重要？

2 平台型组织与传统组织相比有哪些优势？它如何适应快速变化的市场需求？

3 企业如何根据自身特点选择适合的中台业务架构？有哪些不同的业务架构模式？

如果数字生态企业缺少中台和平台型组织架构的支持，新业务创新将变得困难。因此，我们需要结合平台型业务的特性分析中台在数字生态企业发展中的作用。同时，我们也需要从中台的角度理解平台型组织如何支持平台型业务的增长。

一、中台概念

1. 业务中台

业务中台是一个以业务领域划分边界的能力中心，旨在形成高聚合、低耦合的面向业务领域的企业级业务能力共享服务平台，并持续演化。实际上，业务中台是后台的延伸，用以实现资源或能力的最大化共享，从而提高企业效率。

业务中台的直观呈现就是一个能力中心，常见的有交易中心、商品中心、库存中心等。它不仅提供丰富的共享服务，还包含体系化建设企业能力域的方法和机制。

2. 数据中台

数据中台是数字化转型的技术框架和载体，也是其核心。数据中台能帮助企业快速响应市场需求、应对市场变化、调整组织架构，以形成敏捷组织。这不仅提高了企业捕捉商机的能力，也有利于集中资源，创造最大的价值。

数据中台包含如下 4 层。

1）技术层：提供数据中台的技术架构，包括数据采集、清洗、挖掘、存储和计算等功能。

2）数据治理层：将数据视为企业重要资产进行管理、控制和决策，包括对数据标准、安全、访问、质量和生命周期等的管理。

3）数据分析层：通过建立分析模型（包括基础类、融合类和挖掘类模型）发现数据的价值。

4）数据应用层：通过数据可视化分析和呈现来赋能应用场景管理，解决经营管理问题，实现数据的商业价值。这也是数字化转型的目标。

>> 阿里巴巴的中台

阿里巴巴是中国最大的电商平台之一，其业务中台是支撑其庞大业务体系的重要组成部分。阿里巴巴的业务中台主要包括交易中心、商品中心、订单中心、支付中心等，这些中心提供了丰富的共享服务，支持阿里巴巴的各个业务部门快速响应市场变化和客户需求，如图6-1所示。

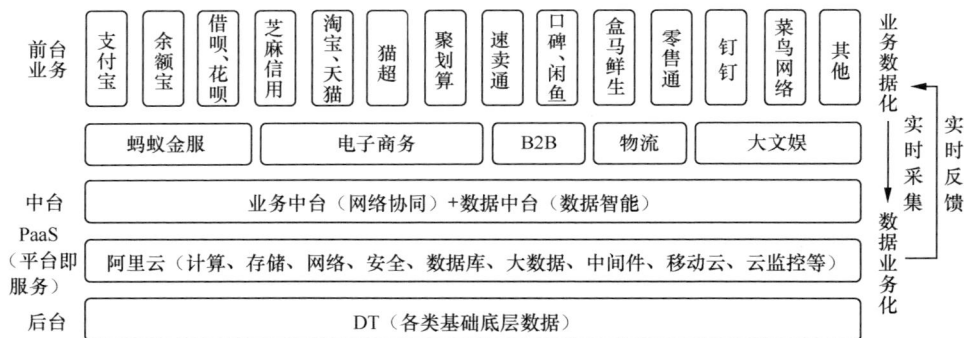

图 6-1　阿里巴巴的中台

通过业务中台的建设，阿里巴巴实现了业务流程的标准化和自动化，提高了业务处理效率，改善了用户体验。同时，业务中台为阿里巴巴的生态系统提供了开放的平台和接口，促进了其与合作伙伴和第三方开发者的合作、创新。

阿里巴巴的数据中台是其大数据战略的核心组成部分，旨在通过数据技术赋能企业，实现数据驱动的业务增长。阿里巴巴的数据中台具备强大的数据采集、处理、分析和服务能力，能够支持阿里巴巴的各个业务部门进行精准的用户画像、市场分析、营销推广等业务活动。

阿里巴巴的数据中台不仅服务于其内部业务，还通过开放平台、API 等方式为外部的合作伙伴和开发者提供数据服务，构建了一个庞大的数字生态系统。

3. 衍生中台

除了业务中台和数据中台，还有一些其他类型的中台，如技术中台、算法中台、智能中台和研发中台等。

（1）技术中台

技术中台是企业级的技术支撑平台，旨在提供稳定、高效、可复用的技术能力和服务。通过整合和应用云计算、大数据、人工智能等前沿技术，技术中台为企业的各个业务部门提供统一的技术支撑和解决方案。

（2）算法中台

算法中台是为企业提供智能决策、数据分析、用户画像等个性化服务的平台。通过集成和优化各种算法模型，帮助企业更精准地理解客户需求和市场趋势，提高产品和服务的智能化水平。

（3）智能中台

智能中台是通过集成人工智能、机器学习等先进技术为企业提供自动化、智能化的业务流程和决策支持的平台。它可以提高企业的工作效率和工作质量。

（4）研发中台

研发中台是提供研发支撑服务的平台，通过提供一系列研发工具和服务支持企业内部研发团队的协作、开发工作。研发中台可以提高研发效率和研发质量，降低研发成本和风险。

随着中台承接越来越多的共享服务，衍生中台的种类将会不断增加，能力将会不断扩展。

二、构建中台的理由

不是所有的企业都需要构建中台。很多初创企业在业务发展过程中，盲目构建中台，反而阻碍了业务的高速成长，无法集中有限的资源推动业务快速进入 S 型曲线成长期，这带来了无法估量的损失。

当企业存在以下三种情况之一时，可能并不适合构建中台。

1）业务处于早期阶段，尚未成熟且数据量有限，现有系统已满足数据服务业务的需求。

2）企业无法投入足够的人力、物力和财力资源来建设中台。

3）成熟业务之间具有较高的独立性和个性化要求，中台的抽象能力有限。

那么什么样的企业适合构建中台呢？企业在以下几种情况下可以考虑构建中台。

企业何时应该构建中台

1. 企业进入了数字化转型阶段。

2. 企业开始着手进行第二曲线创新。

3. 企业已经形成多业务单元，但组织的创新力不足。

4. 企业的 IT 架构面临重大升级的挑战。

在以上 4 种情况下，企业无论是面对外部压力进行数字化转型，还是面对内部增长乏力进行自我驱动型转型，都拥有构建中台的绝佳时机。

1. 数字化转型与中台

中台与数字化转型密不可分。我们都知道，数字化转型是企业进入数字经济时代后不得不面临的挑战。企业的数字化转型旨在降低成本、提高效率，同时为在数字化场景中孵化新的业务形态做准备。在这个过程中，中台扮演着不可或缺的角色。

数字化转型涉及 3 个主要层面：业务、技术和组织。业务转型的目标是降低成本、提高效率和增加运营收入，重点关注全价值链，以推动企业价值增长。技术转型是构建数字化转型所需的技术生态系统，它包括企业内外的数字化能力和智慧，形成一个共生共存的网络。组织转型涉及文化、机构、机制和人才培养等方面的变革，是数字化转型的"大脑"。

中台在这 3 个层面都对数字化转型有支撑作用。

（1）业务层面

数字化转型要求企业能够快速响应市场变化、创新商业模式、提升用户体验。中台的建设能整合企业内部资源，打破部门壁垒，提供统一的技术和数据支撑，使前台业务更灵活、高效。中台连接企业的前后台业务，能实现业务快速变化和创新，提高企业市场竞争力。

（2）技术层面

数字化转型需要企业具备先进的技术架构、充分挖掘数据价值，并实现智能化的业务决策。中台可利用先进的技术架构和云计算、大数据等技术快速处理及分析数据，提高数据的可用性和价值。同时，中台可统一技术标准和规范，降低企业的技术维护成本和风险。

（3）组织层面

数字化转型要求企业具备敏捷的组织架构和协同的工作环境。中台建设推动企业内部资源共享和协同，提升组织的敏捷度和适应性。中台提供统一的工作平台和协作工具，促进组织重构和流程再造，打破传统的部门壁垒和层级架构，构建扁平化、网络化的组织架构。

从数字化转型涉及的 3 个主要层面看，中台是一个十分必要的支撑。企业在数字化转型初期可以尽早地规划全面的中台架构，从而在未来 5 ～ 10 年持续享受这一建设的成果。

2. 组织架构与中台

2014 年，人民日报刊登的《打赢"班长的战争"》一文曾指出，信息化时代，创新型企业要想赢得市场，就要打赢"班长的战争"。所谓"班长的战争"是指要求"班长"在前线发挥主导作用，根据实际情况做出决策，以提高班组的反应速度，从而抓住机会、取得成果。

如今，企业的商业模式、客户群体、消费需求、经营渠道和传播媒介等都在不断变化。大型企业，特别是其中的数字生态企业，倾向于采用"大平台 + 小团队"的组织架构，这种组织架构与易变、不确定、复杂的时代背景密切相关。

那什么是"大平台 + 小团队"的组织架构？我们可以从美军作战方式的演化来看这个架构的发展。

>> 美军"平台+前端"组织模式

20 世纪初，美军进行了组织模式改革，采取了"目标导向、灵活应对、快速制胜"的方法。

以前，前线作战的连长不能直接指挥炮兵，需要师部审批才能开炮。然而，师部审批需要分析敌情才能做出决策，但是师部不在一线，无法快速地分析敌情，导致效率低下或者决策失误。这种作战方式如图 6-2 所示。

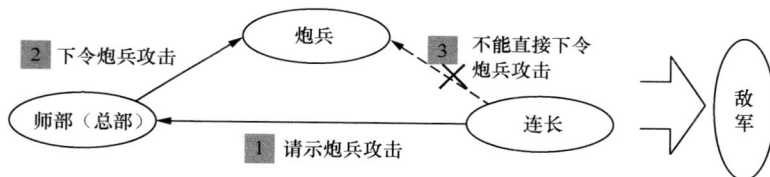

图 6-2　美军过去的作战方式

现在，美军构建了"军政（养兵）"和"军令（用兵）"两大流程，明确了各流程的范围、定位、职责、边界和关联协同机制。根据战争规模和战场形势，配置了一线集成作战的多专多能团队，也被称为"班长"。"班长"拥有应对不同作战场景的平台和武器装备，可以根据战场形势及时向后方呼唤炮火和资源，支撑其现场作战，通过自主决策，取得战争胜利，如图 6-3 所示。

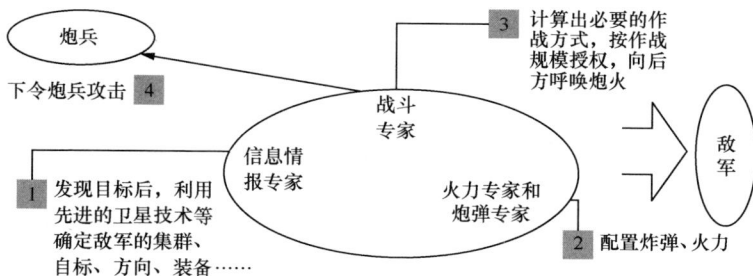

图 6-3　美军现在的作战方式

美军"班长＋后方支援"的组织方式是典型的"小前台＋大中台"运营模式，让战斗管理更加扁平化。由十几人甚至几人组成的"班长"在战场一线，可以根据实际情况迅速决策，引导精准打击，最终取得战斗胜利。

▶▶ 华为"平台+铁三角"抓市场机会

华为多年的发展正是得益于高效的"作战理念"。任正非曾在华为内部会议上提到组织的变革："在主航道组织中实现'班长的战争'，一线呼唤炮火，机关转变职能；非主航道组织去矩阵化或弱矩阵化管理，简化组织管理。虚拟考核评价战略贡献，抢占战略高地。"美军的作战单位已经开始从"师"变成"旅"。任正非说，未来的方向是作战单位有可能是"旅"直管"营"，去除"团"一级，还要缩小成"排""班"……

任正非认为，必须考虑在新形势下更快、更好地满足客户与市场需求，"铁三角"式的"三人作战小组"能有效适应新的市场形势，须总结并推广。

华为的"铁三角"是通过建立基于"铁三角"的虚拟项目管理团队，有效实现市场突破。"铁三角"核心组成成员包括客户经理、解决方案经理、交付专家。为了整合资源，公司内部为"铁三角"设置了项目赞助人（公司高级领导），还有支撑性功能岗位成员，如资金经理（信用经理）、应收专员、开票专员、税务经理、网规经理、法务专员、公共关系专员、研发经理、营销经理、物流专员、采购履行专员、合同/项目专员、综合评审人等。

虽然华为没有明确的中台组织，而是以平台化组织架构来支持业务发展的，但从中台的视角来看，华为的资源池就是中台。它利用统一的"大平台"来支撑前台业务团队。"大平台 + 小团队"是一种新型组织形式，也是提高组织敏捷度的最佳方案。

3. 平台型业务与中台

在构建中台的过程中，需要与平台型业务的 S 型曲线结合。接下来以业务 1、业务 2、业务 3 的发展过程来分析中台的建设，如图 6-4 所示。

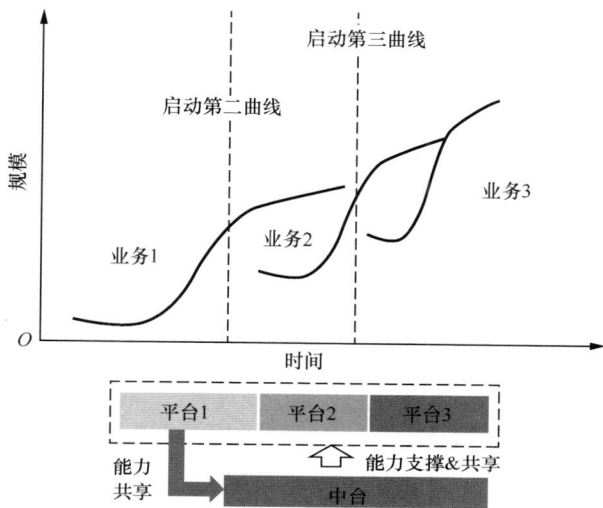

图 6-4　平台型业务与中台

在业务 1 的开始阶段，重点是进行业务探索和激活网络效应。因此，在这个阶段并没有开始针对中台能力的建设。这样做的好处是能够尽快加速业务的落地，并避免中台建设对业务创新产生干扰。

当业务 1 进入成长期，即突破破局点进入第二曲线创新后，企业就需要开始构建中台。中台整合一些可以共享的服务能力，例如需要共享的业务能力、技术能力，并进行组织架构的调整，成立赋能新业务开发的中台组织。

当业务 3 开始发展时，中台能力将会变得更加完善，业务 3 应该会比业务 2 更快地进入成长期。

在这个多业务创新的支撑架构下，企业将有机会以最小的成本不断探索新的业务机会。通过多个前台小团队与客户的密切接触，不断探索新的业务机会，并创建新的平台型业务服务。

4. 企业 IT 架构与中台

中台是企业 IT 架构的一种实现方式，它本质上实现了对应用的分层。

在企业 IT 架构中，应用分层是一种重要的模式。它将应用程序划分为不同的层次，每个层次具备特定的功能，负责处理特定的事务。这种分层的方式可以提高应用程序的可维护性、可扩展性和可重用性。分层应用还可以帮助实现业务逻辑、数据访问和用户界面之间的分离，从而使得不同的层次可以独立地进行开发、测试和部署。这种分离可以降低系统复杂性，提高开发效率，同时方便系统的维护和升级。

图 6-5 是零售企业中台典型架构，可以看出，无论是业务中台还是数据中台，都是为前台提供支持的。

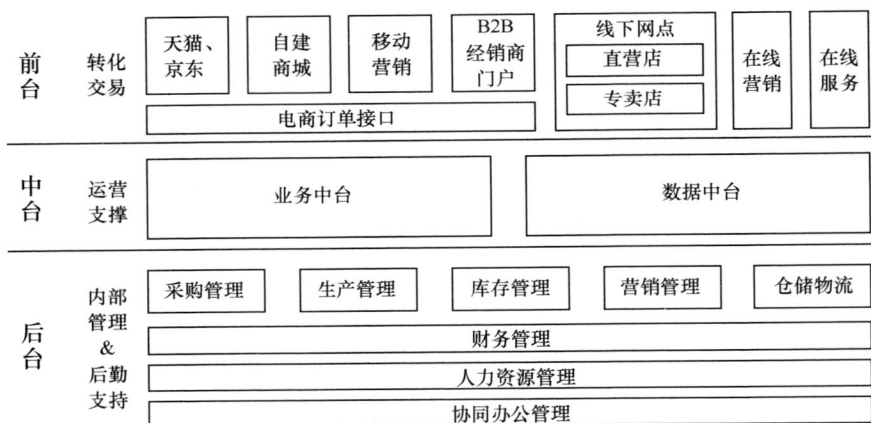

图 6-5　零售企业中台典型架构

那为何需要这样分层呢？通过 Gartner 的分层理论可以深入理解分层背后的逻辑。

>> Gartner的分层理论

IT 研究与咨询公司 Gartner 通过"Pace-Layered（变速分层）"策略将企业应用分成了 SOR、SOD 和 SOI 这 3 层，如图 6-6 所示。

- SOR（System of Record，记录系统）：支持核心事务处理并管理组

织的关键主数据、已建立的打包应用程序或旧式本地系统。SOR 变更率
很低，因为 SOR 的流程已经建立，对大多数组织来说是通用的，并且
要遵守相关法规要求。SOR 的生命周期长，为 10 年或更长时间。

• SOD（System of Differentiation，差异化系统）：支持特定的公司流
程或行业特定功能的应用程序。它们的生命周期中等（1 ~ 3 年），但是
需要经常进行重新配置以适应不断变化的业务实践或客户要求。

• SOI（System of Innovation，创新系统）：临时构建的新应用程序，
用于处理新的业务需求或机遇。它们是企业尝试新想法和技术的领域，
变化速度最快（不超过 12 个月），需要快速迭代和灵活调整，以适应市
场变化，满足客户需求。

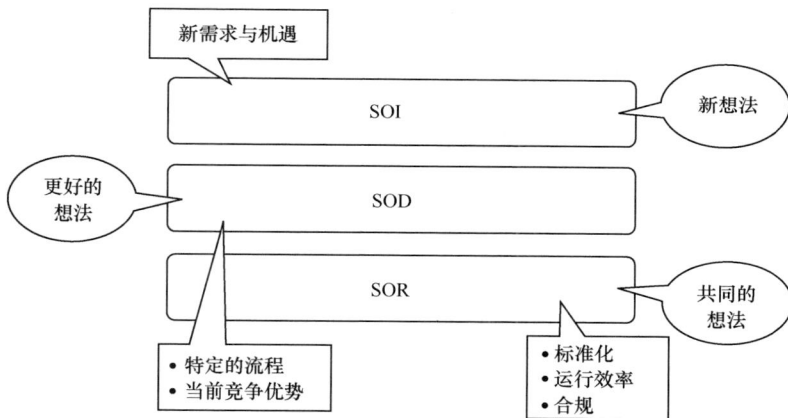

图 6-6　Gartner 的分层理论

简单地说，SOR 就是信息化，代表着传统的 ERP 或 PDM 等系统
应用；SOI 则是数字化，代表着移动小应用；SOD 则处于两者之间，可
以类比为"中台"，用于连接前台创新系统和后台记录系统。

从 Gartner 的策略可以看出来，企业的 IT 架构可以按照系统更新的频
率来分层，这样企业可以更好地应对业务侧的客户需求变化和长期稳定的

业务系统需求。<u>而中台正好是这两者之间的缓冲带，就像一个"变速齿轮"，连接了客户与企业核心资源，并解决了"配速"问题。</u>

三、平台型组织

中台的发展基于企业的战略和业务需求，与企业的组织架构密切相关。在中台思想的推动下，越来越多企业的组织架构模式逐渐转为"大平台 + 小团队"或"前台 + 中台 + 后台 + 生态"。

如果希望深入挖掘中台的能力，就要从企业的组织架构上进行调整，接下来将从平台型组织着手对该调整过程进行分析。

1. 平台型组织的定义

平台型组织是随着市场需求的快速变化和数字技术的迅猛发展而涌现的一种新型组织。它既具备职能制组织的优点，拥有强大的职能平台，又具备矩阵制组织的优势，拥有灵活的前台小组。前台小组是独立的核算单元，具备充分的自主权，这体现了事业部制组织的优点。此外，平台型组织还是一个开放的、多元的平台，能够与外部机构形成生态合作联盟。可以说，平台型组织是数字化时代的一种新型组织形式，它由前台、中台、后台和生态组成，如图 6-7 所示。

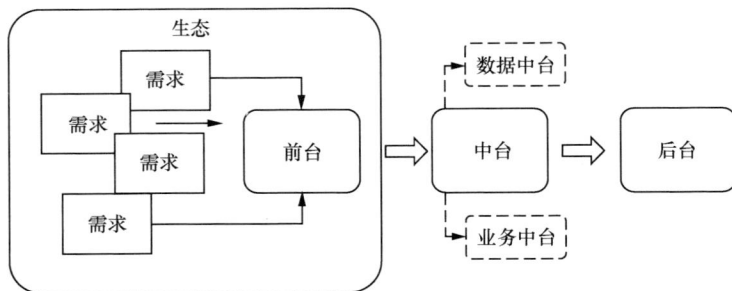

图 6-7　平台型组织架构

平台型组织的价值

平台型组织是具有数字化支撑能力的大平台。支撑平台建立标准且简洁易用的界面，使每个职能模块化，形成资源池，便于资源共享；根据业务发展需求，形成新特色及新能力，构建"为一线输送炮火"的支撑体系；通过专业赋能和支撑服务，促进前台组织的能力提升和业绩提升，让重点工作任务在细分市场有效、扎实落地。

另外，平台型组织还拥有开放的、多元的生态体系。在数字化时代，越来越多的外部机构（如代理商、渠道合作商、模块供应商等）作为平台参与者加入其中。它们与平台一同探索平台化、生态化的平台治理模式，最大程度地发挥平台参与者的合力，使体系内的企业能够相互影响、协同治理和相互合作，从而为创造更大的价值提供可能。

平台型组织的出现受诸多因素的影响，可以将其归结为市场需求的快速变化、技术突飞猛进的发展和新一代员工的价值需求3个方面。

1）市场需求的快速变化。在组织外部，客户需求正在快速变化，个性化消费逐渐兴起，市场的不确定性与日俱增。与此同时，用户希望通过市场获取满足多元化需求而不仅仅是单个独立需求的"一揽子"解决方案。

2）技术突飞猛进的发展。技术的迅猛发展为其他领域的创新提供了坚实的基础和可靠的保障。新技术及其应用不断降低交易成本，进一步推动了各行业的共享和协作。同时，大数据技术能够将积累的数据转化为对消费者行为偏好的研究，从而不断完善和精确化交易过程，催生新型的交易模式。

3）新一代员工的价值需求。在组织内部，与前辈相比，新一代员工希望能够在较短时间内获得个人成就，实现个人价值。因此，他们希望老板能够充当"辅导者"的角色，并要求上级能够充分授权，赋予他们更大的自主权。

因此，通过打造"大平台 + 小团队 + 生态"的平台型组织，灵活应对市场需求和环境的变化，通过前台组织低成本试错探索创新的可能性，激活前台组织的创业氛围，提升全公司的团队积极性，实现规模的快速增长，是数字化时代组织变革的新趋势。

2. 德鲁克提出的组织架构

如果希望继续探究平台型组织所依赖的理论依据，可以从分权制的发展一窥究竟。

在过去的 100 多年里，管理专家和管理者们为追求"合理的组织架构"付出了艰辛的努力。至今，至少可以看到 3 种适用于不同时代的"合理的组织架构"。管理大师彼得·德鲁克将这 3 种组织架构类型分别定义为职能分权制、联邦分权制和模拟分权制。

（1）职能分权制

职能分权制大约诞生于 1910 年，由法国实业家亨利·法约尔研究制造企业的职能之后提出。这种组织架构以任务为中心，每个人都有明确的职位和清晰的工作任务，根据职位确定权力。职能分权制能增强组织执行力，适用于稳定的工作环境。职能分权制存在敏捷度低、结构僵化、组织相对封闭、员工信任感弱、决策权集中在高层管理者手中等不足。对多元化大型企业而言，职能分权制已不适用，它更适合产品单一的小型制造类企业。

（2）联邦分权制

联邦分权制的核心思想是赋予各个业务单元自治权。每个业务单元都要对自己的工作绩效和成果负责，并拥有独立的职能管理部门。总的来说，这是一种松散、分权的自治模式，解决了大规模、多元化企业权力和资源过于集中的问题。它让各个业务单元的管理者能够集中精力创造自己单元的绩效和成果，同时减少其与集团母公司在目标、资源和权力上的博弈。

（3）模拟分权制

模拟分权制是联邦分权制的一种变形和补充。企业采取这种组织架构时，将不能成为业务单元的部门视为业务单元，赋予它们尽可能多的自治权和管理职能。它们之间使用内部转移价格进行产品的购买和销售，这些价格由内部行政命令而非外部市场决定。利润由内部成本分摊决定，通常在成本的基础上加上标准费用。

3. 平台分权制

自 2013 年以来，随着移动互联网的兴起，一些具有代表性的互联网公司开始吸引大众的关注。这些企业采用了数字技术和自身业务实践相结合的平台商业模式。在这种组织形态中，企业拥有多样化的前台，稳定的中台用于横向协调，职能化的后台用于支撑前台和中台的运转，以及由前台、外部利益相关者和从业者构成的生态体系。

在这些组织形态中，随着中台的诞生，平台分权制开始产生。平台分权制是对联邦分权制、模拟分权制的升级与创新。核心组织形式分为两级，即"平台 + 自治单位"。平台包括后台和中台，自治单位是具有高度自治权的前台，也称小微企业。

平台分权制是一种高度扁平化的网络结构，旨在提高企业的敏捷度和灵活性。前台在这种制度下拥有更大的自主权，通过后台和中台的支持，信任度得到提高。这种敏捷的结构有助于提高整个组织的适应能力和开放能力，使企业能够快速适应外部环境的变化。同时，决策权下移到前台，能提高决策的效率和质量。平台分权制有助于构建充满活力的生态系统，促使企业打开组织边界，让用户参与价值创造过程。

无论是技术创新型的华为、传统制造业的海尔还是互联网企业阿里巴巴，都倾向于最大化减少组织层级。它们鼓励业务前台进行创新，不断探索新业务场景和迭代业务模式，使"作战单位"变得更小，以便更好地适应瞬息万变的市场。

图 6-8 展示了平台分权制的结构，组织被高度扁平化为"前台 + 中台 + 后台"的三级结构。下面具体介绍这 3 个基本组织要素。

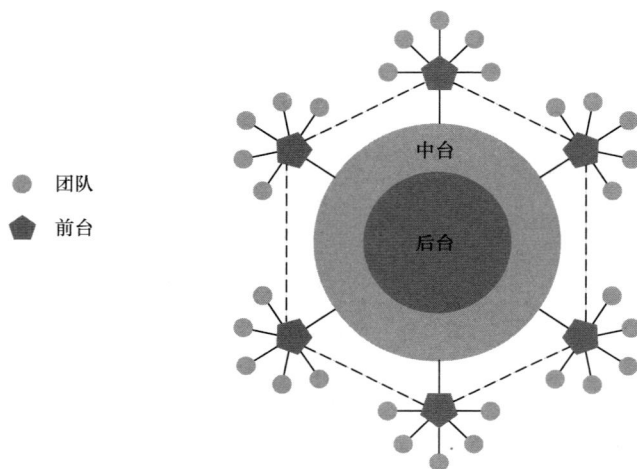

图 6-8　平台分权制组织形式

（1）面对目前短期目标的灵活型"前台"

前台可以分为两类：所有权独立的企业和虚拟小微企业。所有权独立的企业是实际独立的企业，而虚拟小微企业是虚拟独立核算的单元。前台是业务单元中对灵活度要求最高的部分，需要快速适应市场变化，直接面对客户，并提供专业服务，从而创造利润和价值。从创新的角度来看，前台主要负责产品与服务的快速改进和试错。

（2）面对中期目标的稳定型"中台"

中台是为生态系统中的前台提供能力支持和服务的集成共享平台群。它包括应用技术平台、数据服务平台和管理职能平台。中台是敏捷度要求适中的战术性应用部门，旨在保障前台部门业务并为项目提供支持，特别是通过连接众多事业部，并借助统一平台提供的支撑性服务，实现企业各个业务部门之间数据的透明流动。中台总结前台的成功经验，形成高度标准化、高度模块化的工具，并为前台提供丰富、有效的积木式工具库。

（3）面对未来长期目标的灵活与稳定兼顾型"后台"

后台是整个生态组织的核心，赋能前台，由基石平台组成。例如，阿里巴巴的阿里云是其生态系统的核心支撑。后台负责战略设计、科技研究、市场培育和领导力培养等重要任务，为前台和中台提供长期支持。

四、中台建设路径

平台型组织已经不再是互联网企业的专属，而是传统企业在数字化转型过程中不断探索的组织架构形态。弄清互联网企业与传统企业在平台型组织架构上的区别，可以为传统企业向数字化企业的转型提供更精准的决策依据。

1. 组织类型与中台差异

支撑平台型组织发展的中台可以概括为两种：外部经营型和内部管理型。

（1）外部经营型：大平台＋富生态

外部经营型中台利用已有资源优势，赋能内外部经营前台，扩大网络效应。客户可以享受企业提供的更多产品、服务甚至技术，企业也可以利用中台的资源进行创业创新。

外部经营型中台的价值主要在于吸引、促进和匹配，通过吸引生态参与方拓展核心互动，加强网络效应，实现生态价值最大化。典型代表有阿里巴巴、美团、滴滴出行等。

❯❯ 阿里巴巴的外部经营型中台

2015 年 12 月 7 日，时任阿里巴巴集团 CEO 的张勇（逍遥子）发布集团全员信，宣布正式启动为期 3 年的中台战略，打造"小前台 + 大中台"的组织机制和业务机制。

对阿里巴巴来说，前台是与最终用户和商家密切相关的业务部门，包括零售电商、广告业务、云计算、物流以及其他创新业务。而中台则是一个强调资源整合和能力积累的平台体系，为前台业务提供底层技术、数据等资源和能力支持。阿里巴巴将传统的树状结构调整为网状结构，打乱了之前细分的 25 个事业部，并将一些能够为业务线提供基础技术、数据等支持的部门整合为"大中台"，为业务线提供统一的支持和帮助。

在组织边界不断扩展的过程中，阿里巴巴形成了电子商务、云计算、金融支付、数字娱乐、社交网络、物流设施、外卖商超等一体化的价值生态。

（2）内部管理型：前台 + 中台 + 后台

内部管理型中台通过打造功能性服务赋能市场前台。前台挖掘并及时响应客户需求，实现商业成功。中台提供业务赋能型服务，负责匹配、赋能，分析市场前台的需求和特征，快速有效地满足业务、资源、技术、数据等方面的需求。后台为职能管理服务，负责整合资源，打造开放管理体系，构建内部生态。

❯❯ 华为的内部管理型中台

2010 年，华为的组织架构划分成运营商 BG（Business Group，业务集团）、企业 BG、消费者 BG（后更名为终端 BG）等。研究和开发职能在组织层面分开，各 BG 下面设有不同的产品线，研究部门单独设立，成立 2012 实验室。分散的开发资源导致华为的研发团队和资源无法共享，产品重复开发问题日益严重。2014 年，华为重新采用大平台组织策略。市场体系重新确定以区域为主维度，运营商 BG 和企业 BG 研发组织重新回归产品和解决方案体系，BG 只担负市场职能，成为专门的经营组织。华为由此重新回归研发大平台、市场大平台、职能大平台、供应链大平台的平台组织策略，最终实现了市场深度挖掘和技术共享。

华为虽然没有明确提及"三台架构"的概念，但是其经过多年的变革，已形成了"自下而上"的组织架构，即以一线生产力员工为主体，公司平台化，全力支持一线生产力创造利润的行动。2017 年华为的组织架构如图 6-9 所示。

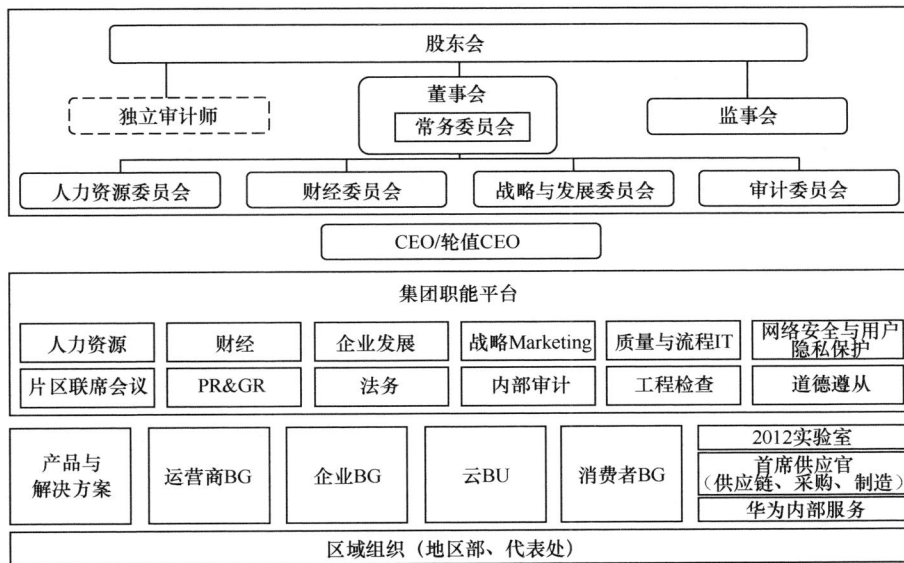

图 6-9　2017 年华为的组织架构

华为的"铁三角"前台由客户经理、解决方案经理、交付专家组成，这个团队能够面对面主动对接客户，专注于项目，并能够快速反馈和响应客户需求。华为中台为地区部提供支持并监控"铁三角"，参考参谋长联席会议模式。华为的传统制造业基因决定了它需要强劲的前台与中台。作为华为的中台，五大 BG（产品与解决方案 BG、运营商 BG、企业 BG、Cloud & AI BG、终端 BG）、区域组织与职能平台为前台的"铁三角"提供支持，而各个委员会也使得华为具备了真正的后台雏形。

2. 创新与生态驱动的业务架构

通过分析两种不同类型的平台组织，可以总结出适合数字生态企业的两种业务架构。

一种是基于互联网模式的"大平台 + 富生态"架构。数字生态企业构建中台，除了赋能前台，更重要的使命是支撑生态战略。具体而言，中台致力于构建开放体系，促进生态价值传导，形成生态体系的用户体验一致性方案，并在更大范围内发展新的平台型业务。

另一种是基于企业数字化转型建立的适合传统企业的"前台 + 中台 + 后台"架构。在这种架构下，企业更关注如何通过平台化的方式组织企业的业务与服务创新，从而更好地满足客户需求。围绕传统业务发展的平台型组织，其业务架构主要围绕自身的核心业务，为前台赋能，起到降本增效的作用。同时，通过数据沉淀，中台可为战略决策提供数据支持，并通过业务中台对前台业务进行创新赋能。

这两种不同的业务架构，分别代表创新赋能和生态整合两种发展战略。根据这两种战略，可以构建以下 4 种业务架构模式，如图 6-10 所示。横轴代表平台型组织从仅仅关注内部协作到外部生态整合进行业务合作。纵轴代表平台型组织从仅仅是基础业务支撑到赋能前台业务团队创新。

创新赋能

关注内部协作与创新赋能的
业务赋能型中台

如低代码平台、智能算法平
台、创新实验室等

关注外部生态整合与创新赋能
的开放创新型中台

如开放API平台、小程序平台、
应用市场等

内部协作 ——————————————————— 外部生态整合

关注内部协作与业务支撑的
业务支撑型中台

如业务中台、数据中台、协
同办公平台、云服务等

实现外部生态整合与业务
支撑的生态协同型中台

如供应链协同平台、
数字化采购平台等

业务支撑

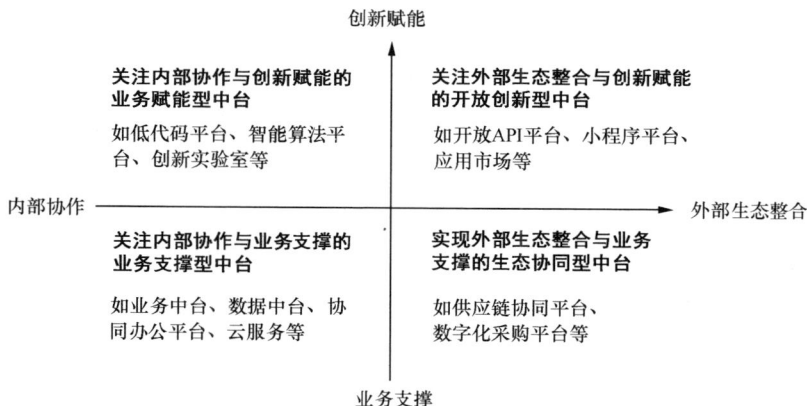

图 6-10　4 种业务架构模式

（1）业务支撑型中台：关注内部协作与业务支撑（图 6-10 左下）

此类中台主要关注企业内部运营效率和业务流程的优化。它集成各部门的信息系统和工具，打破部门间的信息壁垒，实现内部资源的共享和高效利用。它提供统一的业务支撑服务，如财务管理、人力资源管理、采购管理等，确保企业日常运营的顺畅。此类中台包括业务中台、数据中台、协同办公平台、云服务等。

（2）业务赋能型中台：关注内部协作与创新赋能（图 6-10 左上）

此类中台侧重于激发企业内部创新活力。它提供一个开放的环境，鼓励员工交流想法、参与项目，实现知识的共享和快速迭代。它还提供一系列创新工具和方法论支持，帮助团队快速验证和实施创新想法。此类中台包括低代码平台、智能算法平台、创新实验室等。

（3）生态协同型中台：关注外部生态整合与业务支撑（图 6-10 右下）

此类中台主要关注企业与合作伙伴、供应商、客户等外部生态系统的整合和业务协同。它通过提供统一的接口和标准实现与外部生态系统的无缝对接，确保业务流程的顺畅和数据的实时交换。它还提供一系列对外的业务支撑服务，帮助企业在整个生态系统中发挥更大的作用。此类中台包括供应链协同平台、数字化采购平台等。

（4）开放创新型中台：关注外部生态整合与创新赋能（图6–10右上）

此类中台旨在与外部生态系统共同推动创新和发展。它提供一个开放的环境，吸引外部开发者、合作伙伴、创业公司等参与，共同探索新的商业模式和产品服务。它还提供一系列创新工具和支持，帮助生态系统中的各方实现共同成长和价值创造。此类中台包括开放API平台、小程序平台、应用市场等。

从这4个中台模型中可以清晰地看到企业中台架构的两条发展路径，这两条路径反映了不同类型企业的性质和发展战略。

路径一：从"业务支撑型中台"到"业务赋能型中台"再到"开放创新型中台"

这种路径更适用于创新驱动型企业，它们通常拥有强大的内部研发能力和技术实力，注重通过内部协作和创新赋能来推动企业的发展。

这类企业首先会建立稳固的业务支撑型中台，确保内部运营的高效和顺畅。接着，它们会关注如何激发内部的创新活力，通过搭建业务赋能型中台来促进跨部门的协作和知识共享。最终，这些企业会搭建开放创新型中台，寻求与外部生态系统的合作，共同推动行业的创新和发展。

例如，华为以强大的内部研发和创新能力为驱动，通过与全球合作伙伴的协作，推动5G、云计算等领域的创新和发展。微软凭借其深厚的技术积累和内部创新，打造Windows、Office等产品线，实现了业务创新，同时通过Azure等云服务与外部合作，推动技术创新。

路径二：从"业务支撑型中台"到"生态协同型中台"再到"开放创新型中台"

这种路径更适用于生态主导型企业，它们通常处于产业链的核心位置，拥有广泛的合作伙伴和庞大的供应商网络，注重通过与外部生态系统的协同来创造更大的价值。

这类企业会通过与外部生态系统紧密合作来优化和扩展业务。它们建立强大的生态协同中台，确保与合作伙伴及供应商之间的顺畅沟通和协作。同时，这些企业会进一步探索与外部生态系统共同推动创新和发展的方式，以实现更广泛的市场覆盖和更大的竞争优势。

例如，阿里巴巴通过其强大的电子商务中台实现了业务协同，进而通过构建支付宝、阿里云等完整的生态系统，推动与外部合作伙伴的创新和发展。又如，亚马逊以高效的物流系统和电商平台为基础，与第三方卖家合作，同时通过 AWS 云服务推动技术创新和生态系统的发展。

总的来说，这两种路径反映了不同类型企业在中台架构发展中的不同侧重点和战略选择。创新驱动型企业更注重内部协作和创新能力的激发，生态主导型企业则更关注与外部生态系统的协同和合作。

▶▶ 钢铁产业链生态业务架构示例

这里以某钢铁集团产业链生态圈转型战略[1]为例，该战略以平台建设为起点，开启企业的战略转型。该集团产业链生态圈架构以平台为基础，以集团的相关多元化业务为核心系统，打造交易、物流、金融、信息等平台作为拓展系统，形成完整的架构体系。

1　胡兵.某钢铁集团产业链生态圈转型战略的构建与实践［J］.冶金自动化，2021（S1）：239-243.

该平台利用物联网、大数据和人工智能技术来发现并满足生态圈用户的潜在需求，通过设计平台化运营模式满足生态圈内各方的利益要求，从而实现多方协同共赢。

该集团通过3种业务架构模式（业务支撑型中台、生态协同型中台和开放创新型中台）的不断演化，从内到外，不断完善产业链生态平台架构。

（1）构建支持大规模业务系统的业务支撑型中台

该平台通过采用微服务和组件化等构建了高性能、高可用、大并发和可扩展的分布式应用系统。借助云计算支持的"大平台"架构和分布式框架，支持大规模系统的平稳运行。"微服务"则提供了更灵活、更个性化、响应速度更快、可扩展性更强的服务。该平台采用SOA（Service-Oriented Architecture，面向服务的体系结构）和微服务的架构方法，为生态圈提供了敏捷、高效、技术领先的技术平台，如图6-11所示。

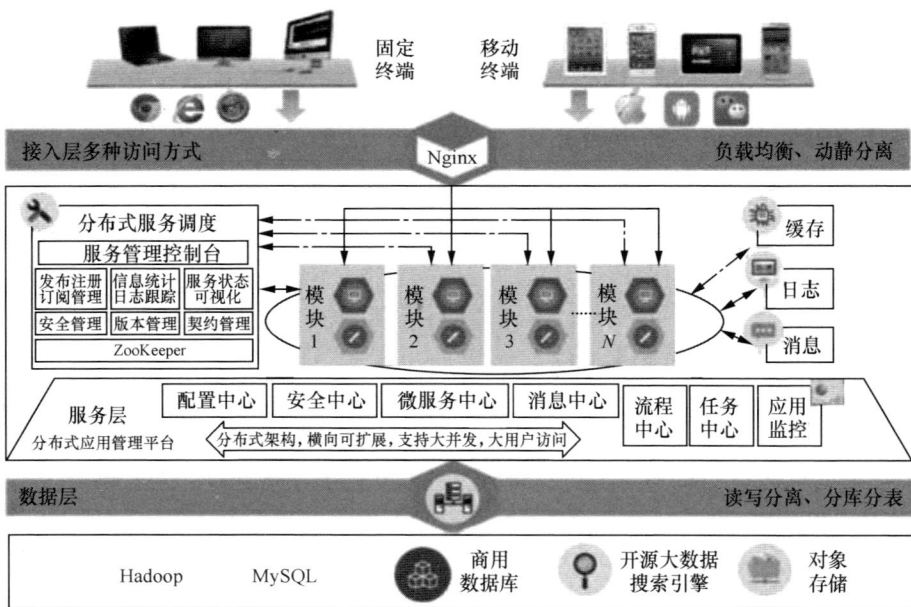

图6-11　业务支撑型中台

（2）构建前中后三台结构的生态协同型中台

该平台的业务架构采用了分层设计，包括前台、中台和后台 3 层。前台是灵活的业务，包括产业链平台和其他互联网平台。中台是平台的核心层次，由接入门户、开发框架、业务中台、数据中台、基础中台、企业互联网架构、业务交付、风险监控以及数字化运营九大模块组成，其业务支撑了前台。后台包括集团运营共享系统（如财务、人事、审计、办公等）、集团子公司的经营管理系统（如销售、成本、采购、存货等）以及外部数据源。它们共同构建了一个共建、共享、共生、共荣的产业链生态圈，如图 6-12 所示。

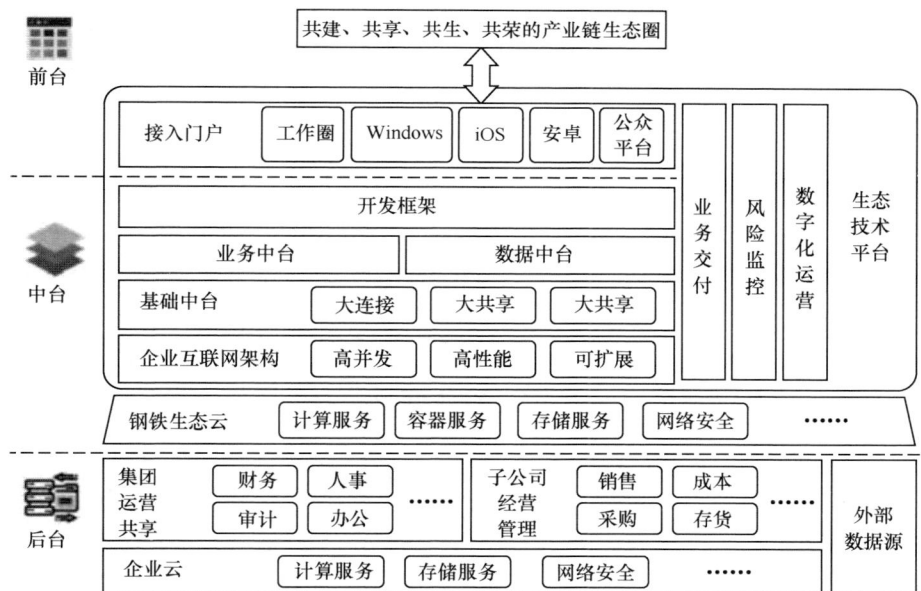

图 6-12　生态协同型中台

（3）建立与生态伙伴互利共赢的开放创新型中台

在平台稳定运行的基础上，设计可持续运行的机制，实现多主体互利共赢。该平台将从内部应用开发扩展到吸引更多的第三方应用开发，从定制 App 扩展到建设具有正向导流作用的 App；设计创新的引流机制，吸引更多的平台用户参与平台建设和运营，实现生态圈多边用户的共享、共建、共生、共荣，如图 6-13 所示。

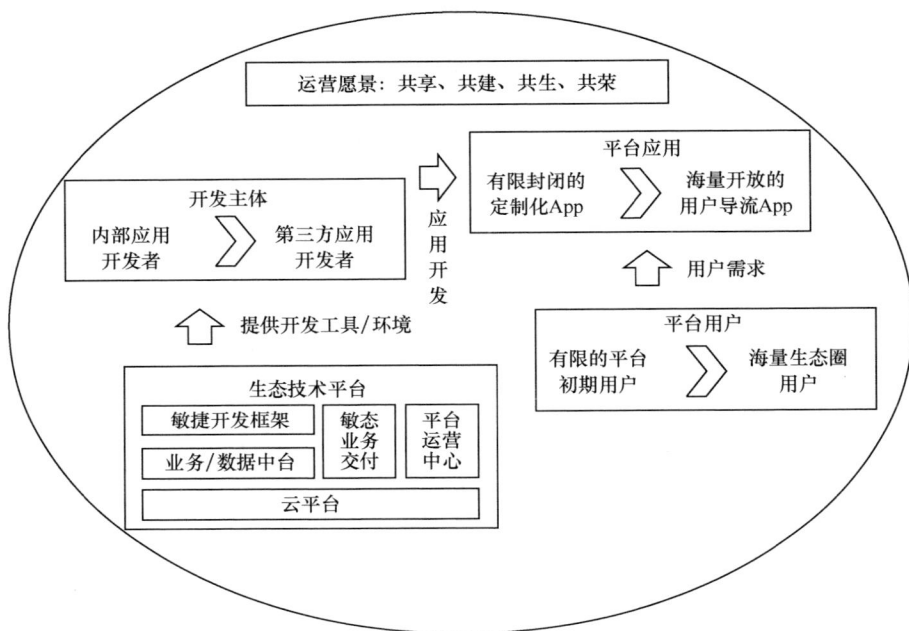

图 6-13　开放创新型中台

| 本章小结 |

本章主要探讨了数字生态企业为何普遍选择中台作为其组织架构，以及这种组织架构如何帮助企业实现数字化转型。首先，分析了两种支持组织发展的中台类型——外部经营型和内部管理型，并通过阿里巴巴和华为两个实例来说明这两种中台在实际运营中的应用。随后，基于这两种类型，提出了两种适合数字生态企业的业务架构："大平台 + 富生态"架构和"前台 + 中台 + 后台"架构。这两种架构分别代表了创新赋能和生态整合两种发展战略，企业需要根据自身需求采用相应的发展战略。

最后，以钢铁产业链生态业务架构为例，详细解析了从业务支撑型中台到生态协同型中台，再到开放创新型中台的发展路径，阐述了不同阶段企业在中台架构发展中的战略选择和侧重点。

第七章
重构传统商业的数字生态战略

数字生态是数字世界的关系网络，没有它，就好像在一个没有地图的城市，你无法知道沿着哪条路才能到达终点。

1 在数字时代，构建数字生态的方式与传统构建视角有何不同？

2 生态位竞争理论如何帮助企业在数字生态中定位和发展？

3 头部企业和中小企业在实施生态战略时有哪些不同的思路和方法？

本章将探讨数字生态的含义，以及在数字经济时代，为何数字生态企业的核心商业目标是构建数字生态系统。

第二章提到，进入数字时代后，企业只有两种生存方式。一种是主动构建、维护生态系统，通过它深化商业关系并进行业务协作；另一种是加入一个或多个生态系统，成为相应生态系统的参与者。这里所说的生态系统就是数字生态。无论选择哪种方式，企业都必须与相关的生态系统建立联系。因此，为了在未来的商业竞争中占据主导地位，不论企业是生态系统的构建者还是参与者，都需要理解该生态系统的构成、运作方式和参与策略。

一、深入理解数字生态

数字商业生态系统（Digital Business Ecosystem）在本书中简称数字生态，它是在数字化时代由各种数字技术和数字平台组成的复杂商业生态系统。该系统包括数字经济中的各类参与者，如企业、消费者、政府、技术提供商、数据提供商等。所有参与者通过数字技术和数字平台相互连接并进行协作，形成了一个互相依赖、互相影响的商业生态系统。

在数字生态中，数据是核心。各参与者通过收集、分析和共享数据实现信息流通和价值创造。企业可以利用数字技术、数字平台实现业务创新和转型，提高效率和竞争力。消费者可以通过数字平台获得更多选择和便利，享受个性化的服务和体验。

总的来说，数字生态是一个由众多参与者和数字技术构成的复杂商业网络。它促进了信息的流动和价值的创造，为所有参与者带来了便利和机会。

1. 价值链、价值网与价值生态

数字生态不是一个独立的概念，它的内部机制是由传统的价值链、价值网和价值生态不断发展、衍生而来的。

（1）价值链

价值链（Value Chain）是由哈佛大学商学院教授迈克尔·波特（Michael E. Porter）于 1985 年在《竞争优势》一书中首次提出的概念。它描述了企业在产品或服务生产过程中，从原材料采购到最终交付给客户的整个过程，并将这个过程分解为一系列的环节或活动，包括对产品的设计、生产、营销和分销，以及对最终用户的支持与服务等。它们可以存在于一个企业之内，也可以分散于多个企业之间。

（2）价值网

价值网则是由客户、供应商、合作企业和它们之间的信息流构成的动态网络。它由真实的客户需求所触发，是一个能够快速、可靠地对客户偏好做出反应的网状架构。与价值链不同，价值网是在更大的范围内，由各个相互协作的企业根据客户需求所组成的虚拟网络。

（3）价值生态

价值生态是指从生态系统的角度来看待企业及其环境。在这个生态系统中，不同的参与者（如供应商、生产商、分销商、消费者等）通过相互依存的关系共同创造价值。这些参与者之间的互动形成了一个复杂的网络，其中每个部分都对整体的价值创造有所贡献。在价值生态中，价值不再由单一企业独自创造，而由生态系统中的多个参与者共同创造。这种价值共创的过程涉及不同参与者之间的知识、资源和能力的共享与整合。

2. 商业生态系统概述

美国学者詹姆斯·穆尔在 1993 年提出了"商业生态系统"这一概念，将其定义为"以组织和个人的相互作用为基础的经济联合体"。

他认为商业生态系统是一个以相互作用的组织和个体为基础的经济群

落，这些组织和个体包括供应商、生产商、销售商、市场中介、投资商、政府和消费者等，它们通过互利共存、资源共享的关系形成相互依赖、共同演化的商业网络。随着时间的推移，它们共同发展自身的能力，并倾向于按一个或多个中心企业指引的方向发展。商业生态系统中的每个环节都是整个商业生态系统的一部分，每个企业最终都要与整个商业生态系统共命运。

穆尔的商业生态系统理论为我们理解商业世界的复杂性和动态性提供了新的视角。它强调了商业环境中各种组织和个体的相互依存关系，以及它们通过合作与竞争共同创造价值的过程。

数字生态则是传统商业生态系统在数字化时代的发展和延伸。数字生态利用数字技术和数字平台，将商业生态系统中的各个参与方更紧密地连接在一起。与传统的商业生态系统相比，数字生态更加注重数据的收集、分析和共享，以数据为驱动来优化和创新商业模式，提供更加个性化、便捷的服务和体验。

因此，商业生态系统和数字生态的主要区别在于技术与平台的使用。商业生态系统是一个更宽泛的概念，它可以存在于任何时代和任何形式的商业活动中。而数字生态则是数字化时代商业生态系统的一种特殊形态，它利用数字技术和数字平台来优化和创新商业活动，提高效率和竞争力。

3. 商业生态系统的种群

胡岗岚等[1]学者结合微观企业物种构成提出了电子商务生态系统理论，认为电子商务生态系统（后文简称电商生态系统）由领导种群（系统资源的领导者）、关键种群（生态系统的"客户"）、支持种群（主体依赖的组织）

1　胡岗岚，卢向华，黄丽华.电子商务生态系统及其演化路径［J］.经济管理，2009（6）：110-116.

和寄生种群（增值服务提供商）构成。系统中每个种群职责不同却相互依赖，形成了一种共生关系。

这些基于生态系统的种群研究可以为构建商业生态系统提供理论基础，以下是对这些种群概念的说明。

1）领导种群：这种群体在商业生态系统中占据核心地位，起到整合和协调整个系统的作用。例如，在电商平台中，领导种群是核心的电子商务公司，它们是整个生态系统资源的领导者。

2）关键种群：这是商业生态系统的重要组成部分，通常指的是消费者或产品服务的使用者。它们是决定其他成员是否能够保持良好发展的关键因素。例如，在电商平台中，关键种群是电子商务交易的各方，包括消费者、零售商、生产商、专业供应商等。

3）支持种群：这种群体在商业生态系统中起着支持和辅助的作用。虽然它们可能不直接参与产品或服务的生产和消费，但它们的存在对生态系统的运行至关重要。例如，在电商平台中，支持种群包括物流公司、金融机构、电信服务商以及相关的政府机构等。

4）寄生种群：这种群体与领导种群有着密切的联系，它们通过为领导种群提供增值服务来获得生存和发展的机会。例如，在电商平台中，寄生种群包括网络营销服务商、技术外包商、电子商务咨询服务商等。

二、数字生态构建新视角

传统商业生态系统的构建方式与数字生态的构建方式不同。

在数字时代的背景下，由于不确定的环境变化以及平台模式本身新商业形态的复杂性，构建基于数字化平台的数字生态充满了挑战。因此，需要了解在传统的商业环境和数字时代的商业环境下构建数字生态的不同之处，从而选择相应的路径。

1. 传统构建视角

主流观点认为，传统的商业生态系统是基于价值结构构建的。根据这种观点，商业生态系统被视为一个具有层级和角色分工的价值创造体系，强调参与者在价值结构中的位置以及资源和能力的差异。这种观点的特点是稳定和可预测的，参与者能明确自己在生态系统中的角色和功能，以及与其他参与者的互补关系。简单来说，传统的商业生态系统是在稳定的内外部环境下建立的，因此更易于进行长期的设计、规划和创造。

在价值创造逻辑中，基于价值结构的视角强调通过优化整个生态系统的结构和流程，提高效率、降低成本，并创造更大的价值。各参与方根据自身的核心能力和互补资产，在价值链条中发挥作用，共同推动价值的创造与增长。合理的价值分配和激励机制能够进一步推动参与方的合作与协调，确保生态系统的持续健康发展。

由于传统的商业环境相对于 VUCA［易变性（Volatility）、不确定性（Uncertainty）、复杂性（Complexity）、模糊性（Ambiguity）］时代的商业环境更稳定，因此由产业巨头主导的商业生态系统的构建可以由价值主张来明确生态系统的目标与使命，并采取正确的战略决策和行动，最终成功构建生态系统。

≫ 传统汽车产业商业生态系统的构建过程

接下来以传统汽车产业为例，描述如何构建商业生态系统。

首先，商业生态系统的核心是汽车制造企业，它们被视为这个生态系统的"领导种群"，拥有制造汽车的核心技术和生产能力。在汽车产业的价值结构中，汽车制造企业扮演着关键的角色，负责将各种零部件和原材料整合为完整的汽车。

其次，商业生态系统还包括供应商、经销商、核心服务商等参与者和最终用户，它们是商业生态系统中的"关键种群"。供应商提供汽车制造所需的零部件和原材料，如发动机、轮胎、座椅等，是汽车制造企业的上游合作伙伴。经销商负责将汽车销售给最终用户，并提供售后服务和维修保养，是汽车制造企业的下游合作伙伴。核心服务商则作为商业生态系统中的"支持种群"，提供各种与汽车使用相关的服务，如加油站、充电桩、保险公司等，为整个商业生态系统提供支持和便利。同时，生态系统中还存在一些依赖其他主导产业的企业或组织，是系统中的增值服务提供商，如汽车改装厂等，它们是这个商业生态系统的"寄生种群"，如图7-1所示。

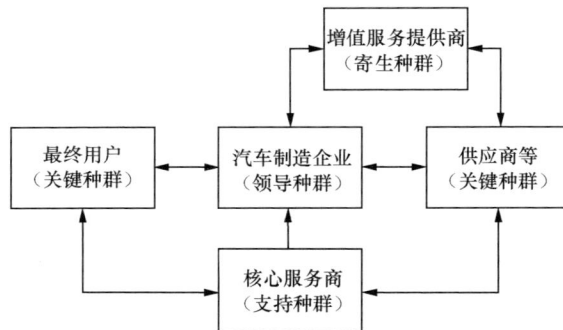

图 7-1　传统汽车产业的商业生态系统

在这个商业生态系统中，各个参与者通过资源和能力共同创造价值。汽车制造企业依赖供应商提供的高质量的零部件和原材料来保证汽车的质量和性能。经销商和服务商为汽车制造企业提供销售渠道和市场支持，帮助其扩大市场份额并提升品牌影响力。

为了构建这样一个商业生态系统，作为"领导种群"的汽车制造企业需要与其他种群，如供应商、经销商、核心服务商等建立紧密的合作关系，通过合同、协议等明确各自的权利和义务。此外，它们还需要建立有效的信息共享和沟通机制，以便及时获取市场需求和反馈，调整生产计划和产品策略。

最后，商业生态系统的成功还依赖合理的价值分配和激励机制。汽车制造企业需要与合作伙伴公平地分享利润和承担风险，以鼓励它们积极参与和投入资源。同时，还需要通过技术创新、品牌塑造等方式提升整个生态系统的竞争力和可持续发展的能力。

在构建传统汽车产业商业生态系统的过程中可以看到，在稳定的市场环境下，基于价值主张和愿景，汽车核心企业可以遵循"价值设计 → 价值创造 → 价值获取"的固定模式进行商业生态系统的构建，如图 7-2 所示。

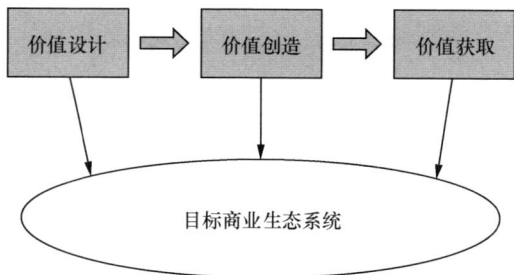

图 7-2　传统的商业生态系统的构建过程

（1）价值设计阶段

价值设计阶段是商业生态系统的起点，涉及深入分析市场需求及初步设计产品、服务和商业模式。例如在汽车产业中，价值设计包括确定目标市场、消费者偏好、产品特性、定价策略及销售渠道等。这个阶段的核心是构建能满足市场需求并具备竞争优势的价值主张。

（2）价值创造阶段

价值创造阶段是将设计变为产品或服务的过程。例如在汽车产业中，价值创造包括采购、制造、质控、营销和服务等。通过与伙伴协作，汽车制造企业创造并推广产品，为消费者提供价值。该阶段的核心是整合资源、优化流程并保证质量，实现高效价值创造。

（3）价值获取阶段

价值获取阶段是企业获得盈利和可持续发展的关键。汽车产业通过销售产品、金融服务、售后服务及再利用、回收等获取收入，弥补成本并获得盈利。汽车制造企业提供优质的服务和用户体验，建立品牌忠诚度，刺激消费者重复购买，持续获取价值。

2. 不确定的商业环境下的构建视角

在不确定的商业环境下，企业仅依赖规划完善的战略目标和行动方案成功建立商业生态系统的可能性会逐渐降低，由此产生了基于网络关联关系的商业生态系统构建视角。

在这种视角下，商业生态系统被视为由多个相互关联的参与方构成的复杂网络，参与方之间通过供应关系、合作关系、竞争关系等多种形式的关联相互作用。在价值创造逻辑中，关联关系视角强调通过促进参与方之间的互动和合作来共同创造价值。这种互动和合作可以带来资源共享、知识流动、创新推动等效应，从而提升整个商业生态系统的竞争力和价值创造能力。因此，关联关系视角注重建立和维护良好的合作关系，以实现共赢和可持续发展。

由于市场的不确定性，基于价值主张设定的一系列行为需要随着市场变化不断调整。因此，很多互联网商业生态系统，如阿里巴巴、腾讯和美团等，都经历了在诞生初期依赖数字平台与各个生态参与方建立网络关联关系，再调整其价值主张并逐渐形成新商业生态系统的过程。

≫ 美团构建商业生态系统的过程

美团早期是一家专注于团购业务的公司，随着时间的推移，构建了一个充满活力的商业生态系统。

在运营团购时期，美团聚焦于连接消费者和商家，为消费者提供打折的商品和服务，同时为商家带来流量和订单。这一阶段，美团主要建立了与消费者和商家之间的关联关系，并通过这种关系积累了大量的用户数据和商家资源。

接着，美团开始利用其已经建立起来的关联关系，逐步将团购时期积累的用户和相关资源转移到本地生活服务上。它推出了外卖订购、酒店预订、电影票购买、旅游规划等一系列本地生活服务，满足了消费者在日常生活中的多种需求。在这一过程中，美团不仅强化了与消费者和商家之间的关联关系，还引入了新的参与方，如骑手、酒店、电影院等，进一步丰富了其商业生态系统。

随着业务的不断扩展，美团的商业生态系统也逐渐成形。在这个生态系统中，消费者可以享受到一站式的生活服务，商家可以获得更多的流量和订单，骑手和其他服务提供者也可以获得就业机会和收入。同时，美团作为平台的运营者，通过提供技术支持、市场推广等服务促进了整个商业生态系统的繁荣和发展。

从美团的业务发展过程中能够看出，美团先建立了与参与方的关联关系，再逐步将资源和用户转移到与团购业务"相邻"的新业务领域，进而成功构建了一个以"本地生活服务"为核心的商业生态系统。

试想一下，如果美团一开始未能通过团购模式迅速吸引大量消费者和商家，其在后续构建和发展商业生态系统时将面临多重阻力。这些阻力可能包括用户基础薄弱导致的市场推广难度增加、商家资源有限造成的服务种类和覆盖范围受限、品牌认知度低带来的市场竞争力下降，以及更加激烈的竞争环境所带来的市场份额争夺压力。这些阻力将直接影响美团商业生态系统的构建速度和稳定性，增加其市场扩张的难度和成本。

数字时代给传统企业的发展模式带来了许多改变。除了市场环境，最重要的改变是传统企业能够充分利用数字技术将业务线上化，从而积累大量的数据，并从中获得巨大的红利。将业务线上化和充分利用数据，使传统企业能够采用与传统方式不同的策略构建商业生态系统。

>> 美团构建商业生态系统的策略

美团在其商业生态系统构建过程中，采用了一些与传统商业生态系统不同的策略。这些策略基于数字环境，具有独特的优势。

（1）利用网络效应来快速启动

美团充分利用网络效应，通过团购等模式快速吸引大量用户，并利用用户之间的口碑传播和社交分享进一步加速用户积累。这种快速的用户积累为美团后续的业务扩展和生态系统建设奠定了坚实的基础。

对比来看，传统汽车产业在积累用户方面通常依赖实体销售网络和品牌口碑。虽然一些汽车制造企业也开始尝试利用线上平台和社交媒体来吸引用户，但整体上其用户积累速度和网络效应的应用程度相对较低。

（2）基于数据的业务驱动方式

美团高度依赖数据来分析客户需求，以此实现精准营销和服务匹配。通过实时收集和分析用户行为数据，美团能够及时调整业务策略，推出更符合客户需求的产品和服务。

传统汽车产业也在逐渐加强数据的应用。例如，通过收集和分析车辆使用数据来优化产品设计和服务。然而，与数字原生企业（如美团）相比，传统汽车产业在数据驱动的敏捷度和深度方面仍存在一定差距。

（3）利用包络战略来进行业务衍生

平台包络战略是平台利用现有资源跨界发展的一种方式，通过添加新模块来扩展相邻市场，实现资源的最大化利用和商业生态系统的构建。

这个战略能够让平台基于现有客户需求不断提供新的衍生业务，并进入该业务的原有生态系统。本章后文将继续探讨这一战略。

美团通过平台包络战略不断地将新的业务和服务纳入其生态系统中，如外卖订购、酒店预订、旅游规划等。这种战略使得美团的商业系统边界不断扩展，形成了一个多元化的生活服务平台。

传统汽车产业也在尝试通过平台化战略扩展其商业系统，例如一些汽车制造企业推出了共享出行服务平台。但整体上，由于传统汽车产业的复杂性和传统业务模式的限制，其平台化进程相对较慢。

（4）利用天棚策略进行用户导入

天棚策略包括天棚用户和天棚伙伴两大要素，是指将现有用户和生态伙伴资源导入新业务的过程。美团通过天棚策略将现有用户和合作伙伴导入新业务中，实现业务之间的协同和互补。例如，美团的外卖订购业务可以为其酒店预订业务提供流量支持。

传统汽车产业在将用户和合作伙伴导入新业务方面通常面临较大的挑战。有些汽车制造企业推出了基于出行领域的服务，如租车、旅游等，但是因为缺乏统一的数字化平台对用户资源进行画像管理，也缺乏统一的用户界面，往往难以有效地将现有用户和合作伙伴资源导入新业务。

（5）利用开放战略让商业生态系统参与者进行共创

美团通过开放 API 和技术支持，鼓励第三方开发者在其平台上开发新的应用和服务，从而丰富其商业生态系统的功能和服务。这种开放战略使得美团的商业生态系统更加灵活和具有创新性。

传统汽车产业也在逐渐采用开放战略，例如一些汽车制造企业向第三方开发者开放了其车辆数据和接口。但从整体上看，由于传统汽车产业的技术和安全限制，其开放程度相对较低，商业生态系统的价值共创和共享程度有限。

3. 商业生态系统构建过程

目前介绍了两种构建商业生态系统的方式。

第一种是基于价值结构的构建方式。就像构建传统汽车产业生态一样，企业在这种方式下必须先进行充分的价值主张设计，然后与产业链各方充分协作进行价值创造。最终，通过产品销售和服务提供获取价值收益。

第二种是基于关联关系的构建方式。就像美团一样，它首先进行了团购业务的探索，通过激活网络效应来吸引用户，并建立商户和消费者之间的关联关系。随后，通过衍生业务不断吸引新的参与方提供新的服务，最终形成一个更加复杂和完整的业务体系。

传统商业生态系统与数字生态构建方式的不同

传统经济与数字经济下构建生态的方式不同，传统商业生态系统更像是"先画靶，后打枪"，而数字生态则是"先打枪，后画靶"。由于数字经济时代的市场不确定性，以及利用数字平台构建商业生态系统的复杂性，"先画靶"的方式常常无法适应市场的变化，平台与各参与者的关系很难实时调整，因此难以成功构建数字生态。

那么，如何在数字经济时代成功地构建数字生态呢？

构建数字生态的方式

结合基于关联关系的生态系统构建视角以及平台生态的特点，可以推导出一种更适合传统企业在数字时代构建生态系统的方式：价值设计→价值探索→价值共创→价值获取。

在数字时代，平台模式能够激活网络效应，形成正反馈循环，更有利于吸引各方参与生态系统，因此可以利用这种方式，在构建生态系统的早期，利用平台的冷启动战略快速吸引早期用户群体。然后通过平台包络战略，采用横向或纵向的方式转换主赛道，最终形成商业生态系统。

接下来分析数字时代商业生态系统的价值创造过程，如图 7-3 所示。

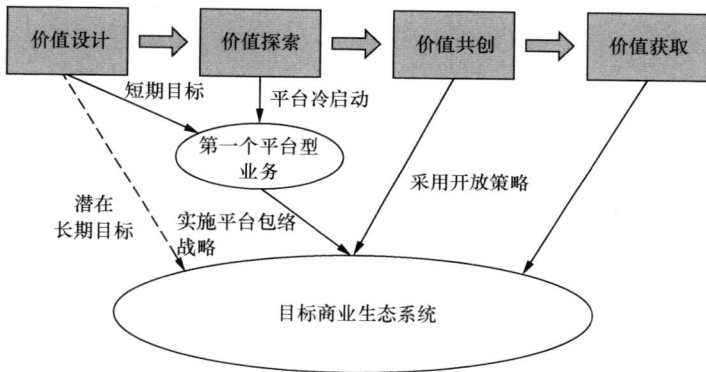

图 7-3　数字生态的价值创造过程

（1）价值设计阶段

在数字时代背景下，初始的价值设计无法准确地评估未来建立的数字生态的边界范围，所以可以基于企业的核心业务目标对商业生态系统进行初步设计，充分考虑需要引入的生态伙伴的类型。这个阶段需要聚焦短期目标：设计一个能够快速吸引用户的平台，该平台未来有可能吸引更多相关参与方加入。

（2）价值探索阶段

在价值探索阶段，企业要创建一个能够快速吸引多方参与的平台型业务，采用小步迭代的方式，快速验证何种方式能够更快地汇集产业生态伙伴和互补性资源。

平台型业务的提供不是一蹴而就的，目标用户和生态伙伴不会因为有了一个线上平台就蜂拥而至。所以，企业需要采用本书第四章中提出的平台冷启动策略来设计和启动第一个平台型业务，确保其能激活网络效应并成功突破临界值。这将是商业生态系统成功建立的关键环节。

（3）价值共创阶段

在成功创建和良好运营第一个平台型业务后，企业可以重新审视其最初设定的目标商业生态系统，并基于当前市场状况，重新设定商业生态系统的战略目标。

此时，企业通过第一个平台型业务的运营获得了部分生态的关联关系。如果继续扩展业务形态，就需要优先考虑如何促进整个生态系统的协作，以价值共创的方式吸引更多的生态伙伴加入。平台需要提供有效的激励措施，实施平台包络战略，并逐步开放已经形成初步规模的平台资源，吸引第三方服务资源的加入，例如通过开放 API 的方式吸引第三方服务提供商加入平台进行业务协作。

（4）价值获取阶段

对于不同类型的商业生态系统，企业需要从中得到的最终价值是不一样的。例如，美团、阿里巴巴、腾讯等构建的以聚集消费者和服务商为目标的商业生态系统和苹果、微软、谷歌等构建的以聚集产品用户和开发者的商业生态系统，其价值获取目标是不一样的。

因此，企业需要权衡最终价值目标，从而基于不同类型的生态系统分析其演化方式，并以最终价值为导向来确定最佳实践方案。

三、生态位竞争

在《生态战略：设计未来企业新模式》这本书中，作者周文艺基于生态位竞争，将新商业环境下的企业划为三类：技术生态位企业、市场生态位企业和范式生态位企业。这里的生态位是一个描述企业在特定市场环境中所占据的位置和所扮演的角色的概念。它综合考虑了企业在技术和市场两个维度上的相对地位、影响力以及发展潜力。具体而言，生态位反映了企业在技术创新、市场份额、品牌影响力以及成长潜力等方面的综合表现。

生态位法则

生态位法则又称格乌司原理，最初用于研究生物物种之间的竞争关系。该原理的内容主要是，在生物群落或生态系统中，每个物种都拥有自己的角色和地位，即占据特定的空间，发挥特定的作用。具有相同生态位的物种在竞争排斥的原则下无法实现均衡共生，即一个物种的存在会降低另一个物种的存活率，但是具有不同生态位的物种可以实现共栖。

生态位的概念有助于我们理解企业在特定市场环境中的竞争态势和发展战略，以及它们与其他企业之间的互动关系。同时，随着市场环境和技术的不断变化，企业的生态位也可能发生相应的调整和演化。

1. 生态系统的演化框架

基于以上 3 种生态位企业类型，以及考虑技术和市场这两个方面，可以构建一个分析框架来理解每个生态位的独特位置和生态位相互转化的过程，如图 7-4 所示。

在这个分析框架中，可以将横轴理解为"市场影响力"或"市场份额"，将纵轴理解为"技术领导力"或"技术创新力"。这两个维度分别代表了企业在市场、技术两个方面的地位和优势。

1）市场影响力：横轴从左到右，说明企业的市场影响力和份额逐渐增大。这意味着企业能够更好地满足消费者需求，获得更多的市场份额和利润，以及更强的品牌认知度和客户忠诚度。例如，阿里巴巴的淘宝和天猫在电商市场中占据了主导地位，拥有庞大的用户群体和市场份额。

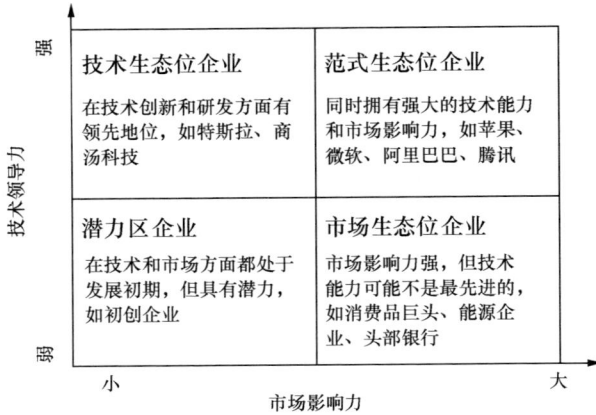

图 7-4 基于技术与市场的生态位分析框架

2）技术领导力：图 7-4 纵轴从下到上，说明企业技术领导力和创新能力逐渐增强。这意味着企业能够持续推出新产品、新服务或新技术，引领行业发展，并在竞争中保持技术优势。例如，苹果公司不仅拥有技术领先的产品 iPhone，还通过 App Store 创建了新的应用分发和服务模式，这具有很强的创新性。

在这个分析框架中，不同生态位企业的定义及其升级路径如图 7-5 所示。

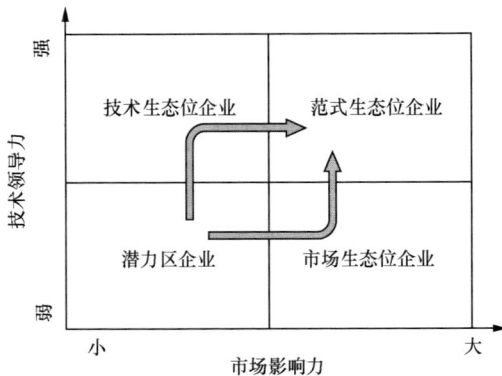

图 7-5 不同生态位企业的定义及其升级路径

1）潜力区企业：这类企业可能目前在技术和市场两个方面都相对较弱，但它们具有巨大的潜力和提升空间。这类企业通常是新兴企业或正在寻求突破的企业。它们通过明确的市场定位和核心技术逐步拓展市场份额，通过有效的战略规划和执行，有望成为未来的市场领导者或技术先锋。

2）技术生态位企业：这类企业在技术上具有优势，但可能还未将其完全转化为市场优势。它们通过出色的技术研发和创新能力推出行业领先的新产品或服务，敏锐地掌握技术趋势，优化产品体验和拓宽应用场景，从而吸引和维护用户。它们的市场表现常常伴随着高增长率和稳定的技术领导地位。

3）市场生态位企业：这类企业拥有市场份额和影响力，但技术创新能力不强。它们通过合作或自研提升技术实力，利用优势推广新产品或服务，并通过品牌和技术宣传增强消费者认知。它们的市场地位稳固，但需要适应和引领市场变化以保持竞争力。

4）范式生态位企业：这类企业技术领先且市场影响力大，可将技术优势转化为市场优势，占据行业主导地位。它们市场份额大，品牌忠诚度高，盈利能力强，注重平衡技术和市场影响，关注市场动态和竞争对手策略，制定行业标准，引领市场趋势。

这个模型是一个简化的分析框架，可以帮我们更好地理解平台在生态位竞争中的关系。实际上企业在市场和技术两个方面的地位可能更加复杂多变。除了市场和技术，许多其他因素（如政策环境、竞争对手策略等）也会影响企业的生态位。

基于此分析框架，我们可以分析不同生态位的企业应如何向更优的生态位演化和发展。处于潜力区的生态位企业应该选择向技术生态位或市场生态位转变，然后通过横向的市场拓展或纵向的技术提升成为范式生态位企业。每种生态位的资源配置和异质特征都有所不同，因此，选择特定的路径可以使企业战略更为专注，从而更快地升级生态位。

2. 技术生态位企业战略

技术生态位企业通常指的是那些在特定技术领域具有显著优势的企业。它们拥有核心技术和创新能力，但在市场上的表现可能尚未达到最佳状态。

为了向范式生态位企业发展，技术生态位企业通常可以采取以下策略。

1）优化技术应用。技术生态位企业需要进一步优化其技术的实际应用，确保技术能够转化为具有市场竞争力的产品或服务。通过深入了解市场需求和用户体验，该类企业可以调整技术方向，提升产品的实用性和客户满意度。

2）加强市场推广。单纯的技术优势并不足以保证在竞争市场中获得成功。技术生态位企业需要加大市场推广力度，提升品牌知名度和影响力。措施包括制定有效的营销策略，利用社交媒体、广告等多种渠道进行宣传推广，以及与合作伙伴共同开拓市场等。

3）拓展应用领域。为了扩大市场份额，技术生态位企业可以尝试将其技术应用到更多的领域。通过跨界合作和创新，该类企业可以开发新的产品或服务，满足更多客户的需求，并开辟新的增长点。

4）关注竞争态势。在向范式生态位企业发展的过程中，技术生态位企业需要密切关注竞争对手的动态和市场变化。通过及时调整策略、加强技术研发和市场拓展，该类企业可以保持竞争优势，逐步向范式生态位靠拢。

5）生态系统整合。范式生态位企业往往拥有一个完善的生态系统，包括合作伙伴、开发者、用户等。技术生态位企业可以通过建立开放的平台和合作机制，吸引更多的合作伙伴加入其生态系统，共同推动技术的发展和市场的拓展。

技术生态位企业向范式生态位企业发展是一个综合性过程，需要在保持技术优势的同时加强市场推广、拓展应用领域、关注竞争态势，并建立完善的生态系统。通过这些努力，该类企业可以逐步提升其市场影响力和竞争地位，最终实现向范式生态位的跨越。

》 苹果公司的生态位演化过程

苹果公司的发展历程是一个典型的从技术生态位企业到范式生态位企业的演化过程。以下是对这一过程的分析。

苹果公司由史蒂夫·乔布斯、史蒂夫·沃兹尼亚克和罗恩·韦恩等人创立，专注于个人计算机技术的研发，推出了 Apple Ⅰ 和 Apple Ⅱ。这两款产品在技术上具有创新性，但最初在市场上未取得显著成就。此时，苹果公司处于技术生态位，拥有核心技术，但市场份额有限。

接着，苹果公司推出了 Macintosh 个人计算机。这款产品采用了图形用户界面和鼠标，这在当时是具有革命性的技术。然而，由于内部管理问题和市场竞争激烈，乔布斯于 1985 年离开了苹果公司，公司的发展也陷入了困境。乔布斯回归后，苹果公司开始了一系列重大变革。他削减了产品线，改善了设计和用户体验，并推出了 iMac 等一系列创新产品。随着 iPod、iTunes 音乐商店、iPhone 和 iPad 的相继推出，苹果公司在市场上取得了巨大成功，逐渐从技术生态位企业向范式生态位企业迈进。

在乔布斯逝世后，蒂姆·库克接任苹果公司的 CEO。他继续推动创新，并扩大了苹果公司的生态系统。苹果公司推出了 Apple Watch、AirPods 和 Apple Music 等产品，进一步巩固了其在市场上的领导地位。这些举措使苹果公司成为一个具有全球影响力的科技巨头，成功地从技术生态位企业发展成了范式生态位企业。

在苹果公司从技术生态位企业到范式生态位企业的发展过程中，最重要的是创新与生态系统的整合。这两个要素相互作用，共同推动了苹果公司的成功转型。

创新是苹果公司的基石。这种创新不仅体现在硬件设计上，如 iPhone、iPad 和 Mac 等产品的独特外观和功能，还体现在软件与服务（如 iOS、App Store、iCloud、Apple Pay 等）的持续更新上。通过不断技术创新，苹果公司为用户提供了卓越的产品体验，赢得了用户忠诚和品牌口碑。

同时，生态系统的整合是苹果公司的关键战略。苹果公司不仅关注单个产品的创新，还注重构建一个完整的生态系统，包括硬件、软件、服务和开发者等各个方面。苹果公司通过 App Store 的机制激活了 iOS 开发者生态，成功创建了数以万计的应用程序。App Store 是一个驱动创新和价值的强大引擎。它汇聚了全球开发者的智慧和创意，提供了丰富的开发工具和资源，降低了开发门槛，同时，通过审核保障了用户体验和安全性。在这个生态系统中，开发者实现了商业成功和成长，用户享受了多样化、高质量的应用服务，这使苹果公司成为技术与市场的双重领导者。

3. 市场生态位企业战略

市场生态位企业与技术生态位企业的主要区别之一在于前者拥有大量的市场服务数据，如用户数据、营销数据和产业上下游业务合作数据等。这些数据不仅反映了市场动态和客户需求，还蕴含着潜在的商业价值和技术创新机会。

市场生态位企业可以借助其拥有的庞大数据资产形成技术优势，使自己从市场领导者跃升为具备市场与技术双重领导力的范式生态位企业。

>> 腾讯战略定位的演化

腾讯这家互联网巨头从"全民公敌"走向全面开放的历程体现了其战略定位的演化。以下具体分析腾讯成立后的 3 个发展阶段。

（1）创业期（1998—2004 年）

创业期，腾讯的战略定位是即时通信服务商，它完成了从产品仿制到盈利模式探索的全过程。1999 年，腾讯推出首款应用，2001 年通过移动梦网 SP 业务首次实现盈利。2002 年创造了 Q 币，2003 年 Q 币在 QQ 秀场景中使用量大增，腾讯逐步独立。2004 年雅典奥运会期间，腾讯新闻通过 QQ 推送奥运会动态，成为热门新闻源，腾讯商业模式大获成功。

（2）定位期（2005—2009 年）

在此期间，腾讯的战略定位是"全方位满足人们在线生活不同层次需求"的互联网公司，进行了企业组织变革，并在即时通信、网络游戏、搜索等领域与竞争对手展开竞争，一度落得"全民公敌"的名声。腾讯通过收购和自营，尝试电商、搜索、团购、休闲游戏等领域，依靠流量赶超，被视为"模仿者"。例如，腾讯在游戏领域推出的《QQ 堂》《QQ 炫舞》《QQ 飞车》《QQ 音速》等超越竞品，2009 年底在国内的游戏市场占有率超过 25%。

（3）巨头期（2010—2018 年）

"3Q 大战"后，腾讯战略调整为一个开放的平台，各大业务和新兴业务迅猛发展。2011 年，马化腾表示腾讯的使命将从提供一站式在线生活服务转向与第三方合作伙伴共建互联网新生态，释放巨大流量资源。2013 年，腾讯提出"连接一切"和"互联网＋"的理念。2016 年，腾讯云已为超过百万名开发者提供服务，数据中心遍布全球。2018 年，腾讯开始在产业互联网全面发力。

现在，进入"互联网下半场"，腾讯继续提供腾讯云、人工智能、安全、大数据等工具，打造新型基础设施。

腾讯通过战略定位的调整，不断地将自身的流量优势进行释放，这种转型提升了腾讯的竞争力，也使腾讯从市场生态位企业跃升为范式生态位企业。下面通过对腾讯的经验进行总结，提炼出企业在市场生态位发展过程中的一些最佳实践。

（1）数据驱动的产品研发

企业可以通过分析用户数据，准确了解客户需求和行为，指导产品开发。这种数据驱动的创新可以提高成功率。例如，腾讯利用 QQ 和微信的用户数据精准把握客户需求，推出了受欢迎的产品和服务，如微信支付、小程序、腾讯云等。

（2）优化营销策略与个性化推广

利用营销数据，企业能精准找到目标用户并制定有效策略，降低成本，提升品牌知名度和用户忠诚度。例如，腾讯通过分析用户数据，实现广告精准投放和个性化推广，提高转化率并优化用户体验。

（3）产业链整合与技术创新

通过分析产业链数据，企业可以识别供应链瓶颈和机会，进行整合和创新。这有助于降低成本、提高效率，并可能创造新的商业模式。例如，腾讯利用社交领域的优势投资电商、游戏、影视等，丰富产品线，构建了全面的娱乐生态链。

（4）开放平台与数据共享

通过开放数据接口，市场生态位企业可吸引创新合作伙伴。它们可以用这些数据开发新应用或服务，共同构建丰富的商业生态系统。例如，微信小程序的开发吸引了众多开发者和企业，共建了一个繁荣的生态。

（5）创新合作机制与共赢策略

建立联合研发、技术共享、收益分成等合作机制，激发合作伙伴的积极性和创造力。通过明确权益分配和知识产权保护，保证利益均衡及长期合作稳定。例如，腾讯在云计算领域与多个企业合作，推出定制解决方案，满足行业需求。

（6）营造创新环境与支持初创企业

企业应建立鼓励创新、宽容失败的环境，包括提供资金、技术、市场资源和沟通平台，促进伙伴合作。例如，腾讯设立创新基金，提供技术支持和市场推广，助力初创企业和创新项目，带动了新的商业模式和行业发展。

市场生态位企业借助对市场的把握和产业合作等方式提升技术创新力，不仅有助于提升企业自身的竞争力，还将对整个行业的创新和发展产生积极的推动作用。

四、头部企业的生态战略

目前为止，我们初步明确了不同类型的生态企业该如何向更高级的生态位发展，以及不同类型生态位企业的发展战略。但是，还有一些通用的战略适合中大型数字化企业。接下来，重点介绍平台包络战略、横纵多元战略和平台开放战略。

1. 平台包络战略

在数字化时代，数字生态企业应如何保持竞争优势并持续创新，成为业界关注的焦点问题。平台包络战略为企业提供了一种新的跨界成长方式。那么，什么是平台包络战略？它又是如何实施的呢？

简单来说，平台包络战略就是数字生态企业在自己的生态系统内，通过增加新的功能模块或服务来复制或扩展邻近平台的解决方案。这样做的好处是，企业可以利用已有的用户基础和平台资源更轻松地进入新的市场领域，实现业务的多元化和跨界发展。

要实施平台包络战略，企业首先需要确定包络的方向。这通常需要基于市场需求、用户重合度和技术可行性等因素来考虑。比如，一个电商平台可能会选择向金融领域延伸，因为这两者的用户群体有很大的重合度，而且金融服务也能为电商平台带来更多的增值盈利机会。

下一步就是构建协同机制，包括横向包络和纵向包络两种方式。横向包络是指将不同领域的功能进行捆绑，比如将电商和金融结合；而纵向包络则是沿着产业链上下游进行延伸，整合更多的资源。通过这两种方式，企业可以打造更加完整、协同的数字生态。

在实施过程中，提升用户体验是至关重要的一环。新的功能模块或服务需要与原有平台无缝对接，确保用户在使用过程中能够感受到便捷和高效。同时，整合产业链资源也是关键所在。通过纵向包络，企业可以整合上下游的资源，实现全产业链的协同发展，从而提升整个生态系统的竞争力。

≫ 美团的平台包络战略

美团自成立以来，始终围绕生活服务领域开展业务。经历过2010年团购网站的激烈竞争幸存下来后，美团多次实施平台包络战略，由团购平台向生活服务数字生态演化。

（1）初创期

美团成立于2010年，最初专注于为线下商家提供在线折扣券和推广服务。美团建立了与中小型商户的联系，并组建了地推团队，通过丰富的团购服务内容和大力度的活动优惠，获得了大量初始用户。

（2）成长期

在得到红杉和阿里巴巴的投资后，美团开始实施平台包络战略。从

2013 年开始，美团推出酒店预订和餐饮外卖业务，进入外卖送餐服务领域。2015 年并购大众点评，实现餐饮服务的包络。2013—2015 年，通过大量补贴吸引商户和用户，向邻近市场实施包络战略，涵盖电影票、景点门票、火车票、机票等多个到店服务领域，之后开始涉足出行领域，试点打车业务及共享单车业务。通过投资和并购，美团对餐饮、住宿、出行等多个生活服务业务实施了横向包络。

（3）成熟期

从 2016 年开始，美团重点发展面向产业链的纵向包络，向商户提供智能支付平台、进货平台、金融服务平台等增值服务，提高商户运营效率，增强商户对平台的依赖。此外，美团还思考如何提升整个生态系统的运行效率。美团从最初的外卖业务，扩展到后来的其他外送服务，如生鲜、商超和送药上门。美团成功将餐饮外卖升级为同城即时配送，提高了配送员的工作利用率，同时满足了用户的多样化需求。

平台包络战略是企业在数字化时代保持竞争优势和创新活力的重要途径。通过确定包络方向、构建协同机制、提升用户体验和整合产业链资源等，企业可以打造更加完整、协同和具有竞争力的数字生态。

2. 横纵多元战略

横纵多元战略是数字生态企业常用的发展战略。其中，横向发展是指平台在同一市场层面上的扩张策略，通过合并、收购或合作来扩大客户基础、地理覆盖，增加市场份额，旨在实现规模经济、提升市场地位并加强相对于竞争对手的竞争优势。

纵向发展涉及互联网平台在产业链上下游的整合和延伸，通过控制关键环节（如供应链、物流、支付等）或提供垂直化服务来深化客户关系，目标是增强对整个价值链的控制力、提升服务质量、增加利润和用户黏性。

多元化发展是指平台在不同市场或行业中寻求增长的战略，通过进入与核心业务不直接相关但具有协同效应的新领域来分散风险、创造新的增长点，并利用跨业务协同来增强整体竞争力，从而实现更广泛的市场覆盖和更多的用户参与。

≫ 阿里巴巴的横纵多元战略

阿里巴巴的发展过程很好地展现了其横纵多元战略。阿里巴巴从创立至今，不断在横向、纵向、多元化方向上扩展和深化其业务。

（1）横向发展

阿里巴巴最初以 B2B 业务起家，随后通过淘宝进入 C2C 市场，再后来推出了 B2C 平台——天猫，这些举措都是横向发展的体现。通过在不同的电商模式中扩展，阿里巴巴吸引了更多的买家和卖家，从而增加了市场份额，奠定了用户基础。

（2）纵向发展

在纵向整合方面，阿里巴巴也采取了一系列举措。例如，为了解决支付问题，阿里巴巴推出了支付宝，其后来发展为蚂蚁金服，提供包括支付、融资、保险等在内的一系列金融服务。此外，通过菜鸟网络，阿里巴巴整合了物流资源，提高了物流效率和服务质量。这些举措都使得阿里巴巴能够更好地控制价值链的关键环节，从而提供更优质的服务并增加用户黏性。

（3）多元化发展

阿里巴巴的多元化策略也卓有成效。除了电子商务和金融服务，阿里巴巴还进入了云计算（阿里云）、数字媒体和娱乐（阿里影业、优酷土豆等)、健康科技(阿里健康)等多个领域。这些多元化业务不仅为阿里巴巴带来了新的增长点,还通过跨业务协同增强了整体竞争力。

总的来说,阿里巴巴的发展过程充分体现了横纵多元战略的应用。通过横向扩展市场份额、纵向整合价值链关键环节以及多元化发展寻求新的增长点,阿里巴巴成功地构建了一个庞大的商业生态系统,成为中国乃至全球领先的互联网企业之一。

横纵多元战略与平台包络战略在概念上存在一定的差异,不过两者在某些方面可能有重叠之处。

横纵多元战略与平台包络战略的区别

横纵多元战略主要指的是企业在横向(扩大市场份额、增加产品线等)、纵向(整合供应链、深化客户关系等)以及多元化(进入新领域、开展新业务等)方向上的发展战略。这种战略的核心目标是通过多种方式扩大企业规模和影响力,提高企业竞争力和盈利能力。

而平台包络战略则更侧重于利用平台的特点和优势,通过构建生态系统、整合资源和能力,将不同业务、不同市场、不同用户群体等包络进来,从而实现更广泛的连接和协同。这种战略的核心目标是通过构建一个互利共生的生态系统,实现多元化发展并增强整个生态系统的竞争力。

因此,横纵多元战略更注重在多个方向上同时发力,更像是在不同方向进行能力"扩散",而平台包络战略则更注重构建一个协同共生的生态系统,更像是对不同的领域进行"收拢"。当然,在实际应用中,企业可能会根据自身情况和市场环境，灵活运用这两种战略，以实现更好的发展和竞争效果。

3. 平台开放战略

平台开放战略是指企业将其平台资源向外部开放，吸引第三方开发者、企业和其他合作伙伴加入，共同开发新产品、新服务，从而推动整个生态系统的繁荣和发展。这种战略的核心在于通过开放和合作实现资源共享、互利共赢，进而提升企业的竞争力和创新能力。

在平台开放战略下，企业通常会提供一系列的 API、技术支持和资源扶持，以降低外部开发者的进入门槛，促进合作伙伴之间的协同创新。企业还会积极与各行各业的合作伙伴建立合作关系，共同探索新的商业模式和市场机会。

平台开放战略不仅是利他行为，更是对数字生态企业有利的竞争方式。

对技术生态位企业来说，开放吸引了开发者和用户参与数字化技术平台的开发、完善，这可以大大降低企业对技术研发的投入。微软在 Windows 2000 发布前，吸引了约 65 万名顾客（组织之外的知识工作者）为其做免费测试，并提供弥补产品缺陷的改善型建议。如果按照付给每位顾客 1000 美元报酬计算，微软就节省了 6.5 亿美元的产品创新投资资金。

对市场生态位企业来说，开放战略不仅可以弥补自身对多元化产业投入不足的缺陷，还可以大大加强对数据资产的积累，通过合作带来增量用户。例如，阿里巴巴在投资哔哩哔哩后，将其纳入文娱板块业务，实现了生态系统的扩展。根据《哔哩哔哩与淘宝电子商务业务合作协议》，哔哩哔哩内容创作者将注册与运营大量淘宝账号，通过产生具有创造性和互动性的内容促销产品，现有超过 160 万内容创作者通过与消费者互动，帮助促销淘宝平台产品。

>> 腾讯的平台开放战略

腾讯在经历了"3Q 大战"后，进行了战略调整，成为一个开放的平台。

发生在 2010 年的"3Q 大战"是中国互联网历史上的一场大冲突，起因是腾讯推出的安全软件"QQ 医生"直接进入了奇虎 360 的核心业务领域。这一举动引发了奇虎 360 的强烈反弹，两家公司由此开始了一系列激烈的对抗。奇虎 360 发布了"360 隐私保护器"，指责 QQ 窥探用户隐私；腾讯则回应称 360 安全卫士存在安全漏洞，在装有 360 软件的计算机上停止运行 QQ，这种做法引起了广泛的争议和不满。

随后，两家公司利用各自的影响力和资源，通过媒体、社交网络等渠道，发布大量有利于自己和不利于对方的消息，试图赢得公众的支持和同情。这场公关战不仅加剧了双方的对立，也让广大用户感到困惑和不安。腾讯和奇虎 360 都向法院提起了诉讼，指控对方存在不正当竞争和侵权行为。经过一系列复杂的法律程序，最终法院认定腾讯旗下的 QQ 并不具备市场支配地位，奇虎 360 承担诉讼费。

"3Q 大战"是腾讯发展历程中的一个重要转折点，其过程充满了波折和戏剧性，对中国互联网行业产生了深远的影响。这场与奇虎 360 的激烈冲突让腾讯深刻反思了自身的商业模式和竞争策略。在"3Q 大战"之后，腾讯开始意识到封闭、孤立的商业模式不仅难以应对日益激烈的市场竞争，还可能损害用户体验和行业生态。因此，腾讯决定进行战略调整，将自身从一个封闭的生态系统转变为一个开放的平台。这一转变过程包括以下几个关键步骤。

• **开放平台战略的制定**：腾讯明确了开放平台的核心战略，即向外部开发者、企业和其他合作伙伴开放自身的技术和资源，鼓励它们在腾讯的平台上开发应用、提供服务，并与腾讯共同分享收益。

- **API 和技术资源的开放**：为了吸引外部开发者，腾讯开放了大量的 API 和技术资源，包括社交关系链、用户数据、支付能力等。这些资源的开放使得外部开发者能够更加方便地接入腾讯的平台，并利用腾讯的技术和资源优势来开发创新的应用、服务。

- **合作伙伴关系的建立**：腾讯积极与各行各业的伙伴（包括互联网公司、传统企业、创业团队等）建立合作关系。通过与这些合作伙伴协同合作，腾讯不仅丰富了自身的产品和服务，还促进了整个生态系统的繁荣和发展。

- **投资与孵化**：为了支持创新和发展，腾讯通过战略投资和孵化计划来扶持优秀的创业团队和项目。这些投资和孵化计划不仅为腾讯带来了新的业务机会和收入来源，还为其赢得了更多的合作伙伴和忠实用户。

由此，腾讯将其战略调整为平台开放战略，吸引了大量的外部开发者和合作伙伴加入其生态系统。这种开放战略不仅提升了腾讯自身的竞争力和创新能力，也推动了整个互联网行业的进步和发展。

五、创业企业的生态战略

对于大型企业，尤其是在行业中已有领先优势的企业，建立数字生态的基础相对较好。然而对创业公司来说，通过建立平台来建立数字生态的道路似乎困难重重。

不过，对于这些创业企业，还是有一些成熟的路径和战略可参考的，本节将重点介绍这方面的战略。

1. 单栖、多栖与自主创业战略

单栖、多栖和自主创业这 3 种战略对于创业企业具有普适性，下面分别介绍这 3 种战略。

（1）单栖战略

单栖战略是指创业企业在数字生态中专注于单一平台或技术来推动业务发展的战略。这种战略要求企业深度整合所选平台的功能和资源，以获得强烈的市场响应和有力的竞争优势，但也面临较高风险，因为对单一平台的依赖可能导致业务不稳定。

当创业企业识别到某一特定平台具有显著的市场份额、用户黏性、技术创新能力或网络效应时，选择单栖战略是合适的。这样的平台往往能够提供丰富的资源、工具和用户基础，使得创业企业能够快速积累用户，建立品牌并优化产品。此外，对资源有限的初创企业而言，单栖战略能够帮助它们集中有限的资源，在单一平台上实现突破，从而避免资源分散和竞争过度。

例如，苹果公司 App Store 中的开发者专注于为 iOS 开发应用程序，完全依赖苹果公司的平台和用户基础来推广、销售他们的产品。

（2）多栖战略

多栖战略是指创业企业同时在多个数字平台或技术上开展业务的战略。这种战略旨在通过多元化布局来降低风险、扩大市场覆盖和提高灵活性。然而，多栖战略也可能带来管理上的复杂性和资源分散的挑战，需要企业具备有效的跨平台管理和资源整合能力。

当数字生态中存在多个具有影响力的平台，且这些平台各自拥有独特的用户群体、技术特点或市场定位时，创业企业可以考虑采用多栖战略。通过同时在多个平台上运营，企业能够覆盖更广泛的用户群体，增加市场曝光度，并降低对单一平台的依赖风险。此外，多栖战略也有助于企业整合不同平台的优势资源，提供更全面、多样的产品或服务，从而满足市场的多元化需求。

例如，一个电子商务公司可能同时在亚马逊、天猫和京东等多个电商平台上开设店铺，以覆盖更广泛的消费者群体并降低对单一平台的依赖。

（3）自主创业战略

自主创业战略强调创业企业在数字生态中的独立性和自控力。这种战略要求企业不仅要与平台建立良好的关系，还要注重自身的品牌建设、技术创新和市场拓展。自主创业战略的目标是实现长期可持续发展，并在竞争激烈的市场环境中保持竞争优势，这需要企业具备强大的自主创新能力和市场洞察力。

自主创业战略在数字生态中适用于那些追求长期独立发展、注重品牌建设和技术创新的创业企业。这些企业通常具有较强的自我驱动能力和创新意识，不愿意被单一平台限制或控制。通过保持对品牌、技术和市场的独立掌控，自主创业企业能够更好地保护自身的核心竞争力和知识产权，实现可持续发展。同时，它们能够更灵活地应对市场变化，把握新的商业机会，从而在竞争激烈的市场环境中脱颖而出。

例如，云米科技是一家专注于智能厨电的公司，也是小米生态链中的重要一员。云米科技在小米生态系统中保持着较高的自主性，其推出的智能烤箱、智能洗衣机等产品不仅具有智能化的特点，还注重用户体验和产品品质。通过与小米的合作，云米科技获得了品牌推广和市场渠道的支持，但其在产品研发、生产和销售方面仍保持了相对独立的地位。

2. 平台镶嵌战略

平台镶嵌战略是指创业企业在已有的数字生态中嵌入共生子平台，实现与已有生态互利共赢的一种成长战略。这种战略的核心在于利用现有平台的资源、用户基础和技术能力快速搭建自己的子平台。通过"嵌入 → 自主 → 桥连"3 个过程，将创业企业的子平台与已有的数字生态进行有机融合，从而利用已有生态的资源和网络效应实现快速成长。例如，创业企业通过与 3 个生态进行整合，嵌入了中间的子平台，如图 7-6 所示。

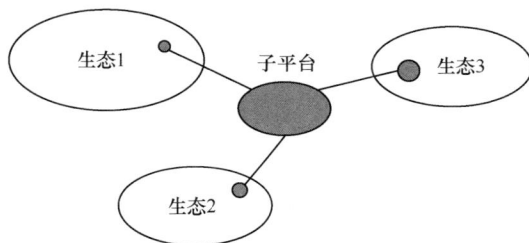

图 7-6　嵌入的子平台

>> 遥望科技的平台镶嵌战略

2010 年成立于杭州的遥望科技是余杭区早期的数字营销服务商之一。自 2014 年起，该公司通过构建数字分析工具与游戏商、公众号主、广告商、"网红"和购物者等建立连接，并在 2018 年开始进军直播电商领域，同年上市。2019 年，该公司在抖音、快手等数字平台上，通过技术精准匹配"网红"和商家，营收达 8.5 亿元。遥望科技是首个在抖音、快手、淘宝 3 个平台全域布局的直播电商企业。

遥望科技成功在多个生态系统中构建了独立子生态系统，通过分析遥望科技的发展过程可以更容易地理解平台镶嵌战略。依据遥望科技嵌入子平台情况的变化，可将其发展划分为 3 个阶段。

（1）嵌入 Android，聚合流量（2014—2015 年）

在 Android 数字平台中，遥望科技嵌入了一个很"酷"的手游营销平台。Android 数字平台中游戏发行商和玩家很难实现完美匹配，因此遥望科技通过手游公会聚合玩家流量，然后为 360、百度等手游商提供游戏的推广与联运服务。在这一阶段，遥望科技的手游业务的营收达到了 2.7 亿元，是广告业务营收的两倍，并且获得了新三板上市资格。

（2）用户画像，布局微信（2015—2017 年）

遥望科技对数据聚合和分析技术进行了升级，以实现准确的游戏推广和联运。通过升级 3227.com 公会联盟系统，遥望科技增加了用户数据分析功能，并将其应用于手游的发行和测试业务。其间，遥望科技已与约 2300 个游戏公会展开合作，并与游戏发行方、开发方合作。在手游业务开展过程中，遥望科技发现手游业务与社交媒体广告非常相似。2017 年，遥望科技进入微信生态，开始进行公众号运营，并积累了大量的微信用户和数据资源。

（3）多栖发展，转型多频道网络业务（2017 年至今）

遥望科技在微信、抖音和快手等多个数字平台建立了子平台，并将这些子平台连接起来。2017 年，遥望科技在微信数字平台中建立了"微小盟"公众号代运营平台，利用数据聚合和分析技术，通过广告、电商和知识付费等业务进行私域流量变现。

总的来说，遥望科技通过平台镶嵌战略，在数字游戏发行领域取得了显著的成功。该公司不仅实现了从依赖单一平台到多平台运营的转变，而且通过构建子平台不断创新和拓展合作伙伴关系，从而提升了企业的核心竞争力和市场地位。

通过分析遥望科技的发展过程，我们可以提炼出"嵌入 → 自主 → 桥连"这一成长模型。

1）嵌入阶段："嵌入"指的是创业企业实施平台镶嵌战略的初始过程，是发现已有数字生态内的创业机会并利用资源的过程。

例如，遥望科技在初创时期选择了 Android 生态作为合作平台，将自身的手游营销平台嵌入 Android 系统中，为游戏发行商提供精准匹配游戏玩家的服务。通过与 Android 平台的紧密合作，遥望科技获得了大量的流量和用户资源，实现了业务的快速增长。

2）自主阶段："自主"是指创业企业突破对已有数字生态的简单嵌入，谋求自主性提升的过程。具体而言，创业企业通过"沉淀数据资源"和"提升用户黏性"的战略行为升级专有能力，实现平台自身的成长。

例如，随着国内手机硬件厂商自建应用市场，遥望科技开始注重保持独立性和自主性，转战微信生态，并构建了自主私域流量池和"微小盟"营销平台。这一举措让它实现了从单一平台到多平台运营的转变，增强了抗风险能力。

3）桥连阶段："桥连"是指创业企业利用自主能动性对构建的平台进行多生态嵌入的过程，也是"嵌入"与"自主"螺旋演化的结果体现。

例如，随着业务的扩展和市场地位的提升，遥望科技在不同数字平台之间建立桥梁，以实现资源共享和互补。遥望科技巩固了自己在 Android 和微信生态中的地位，同时积极与其他游戏平台、社交媒体平台等展开合作，以拓展市场和用户基础。

那么，平台镶嵌战略与单栖、多栖和自主创业的战略有何区别呢？

与单栖和多栖战略相比，平台镶嵌战略更加注重与现有平台的合作和共生关系。单栖与多栖战略通常指企业专注于某一特定领域或细分市场，与商业生态系统中的一个或者多个主导企业或平台紧密合作。而平台镶嵌战略则强调在现有平台的基础上构建自己的子平台，并与主平台形成更加紧密的互利关系，从而实现更全面的资源共享和价值共创。

自主创业战略则在独立性和自主性方面与平台镶嵌战略存在差异。自主创业战略强调企业独立构建自己的商业生态系统，不依赖或仅最低程度地依赖其他主导企业。而平台镶嵌战略虽然也追求独立性和自主性，但其核心是在现有平台的基础上进行拓展和创新，利用现有平台的资源和能力来加速自身成长。

因此，平台镶嵌战略可以看作一种介于单栖、多栖战略和自主创业战略之间的中间状态。它既不像单栖和多栖战略那样完全依赖主导企业或平台，也不像自主创业战略那样完全独立自主地构建自己的商业生态系统，而是在利用现有平台资源的基础上寻求与主平台的协同作用，实现共赢发展。

六、多平台生态的演化

学者穆尔提出的商业生态系统学说对数字生态的发展有很好的参考作用。穆尔认为，商业生态系统的发展是一个动态的过程，需要不断地进行适应和调整。企业需要了解自己所处的阶段和环境，制定相应的战略和计划，以实现可持续发展。他将商业生态系统的发展划分为 4 个时期，分别是萌芽期、成长期、繁殖期和分化期。

接下来以阿里巴巴生态系统的发展过程为例，说明这 4 个发展时期的特征，同时观察它是如何从单一平台向多平台演化的。

阿里巴巴生态系统是一个复杂的互联网商业生态系统，也即电商生态系统，包括电商平台、商家、消费者、物流企业、金融机构、广告公司、培训机构等主体。每个主体都是实现信息流、商流、资金流和物流的重要参与者。随着资源的聚集，它们会不断成长壮大。各主体之间存在复杂的相互作用关系，共同构成了生态系统的内生动力。

（1）萌芽期

萌芽期是生态系统的初始阶段。在这个阶段，系统中只有少量的平台和商家开始在互联网上进行商业活动。这些早期的参与者通常是具有创新精神和冒险意愿的个体或企业。它们开始尝试在互联网上建立商业关系，并探索新的商业模式和机会。这个阶段的生态系统相对简单，但充满了不确定性和风险。

假设在平台构建初期有 A、B、C 三种角色，分别代表电商平台、商家和消费者。它们之间的关系如图 7-7 所示，商家和消费者通过电商平台进行交易。

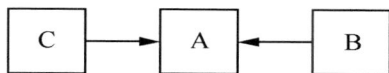

图 7-7　萌芽期

≫ 阿里巴巴生态系统的萌芽期

1999 年，以马云为首的 18 人创建了阿里巴巴集团，标志着阿里巴巴公司的初创时期正式开启。在这个时期，生态成员数量稳步增长，许多中小企业纷纷加入阿里巴巴，为阿里巴巴生态系统奠定了商家和消费者基础，并初步形成规模[1]。

初创时期的阿里巴巴生态系统结构非常简单，只有商家、消费者、阿里巴巴平台和一些必要的专业服务商。在这个阶段，生态系统的发展尚不完善，阿里巴巴这个核心平台起到了至关重要的作用，例如为驻平台的传统商家提供咨询、营销等网络服务，以引导、激发客户需求。随着盈利的开始和基本电商模式的确立，阿里巴巴的萌芽期结束。

（2）成长期

在萌芽期之后，生态系统进入了成长期。在这个阶段，越来越多的商家和消费者开始涌入生态系统，形成了更加复杂和多样化的网络关系。平台也逐渐发展壮大，可以提供更多的服务和支持。随着生态系统规模的扩

1　唐红涛，朱晴晴，张俊英. 互联网商业生态系统动态演化仿真研究——以阿里巴巴为例［J］. 商业经济与管理，2019（3）：5-19.

大，商业活动变得更加活跃，新的商业模式不断涌现。这个时期是生态系统快速发展的关键时期。

专业服务商 D 与增值服务提供商 E 在这一时期参与生态系统。专业服务商为交易提供必要的专业服务，如金融和物流等；增值服务提供商 E 包括技术外包商、培训机构、广告服务商、认证机构等。它们之间的关系如图 7-8 所示，专业服务商 D 支持了平台的业务运营；增值服务提供商 E 帮助商家提供专业服务，以降低商家的运营成本，提升效率。

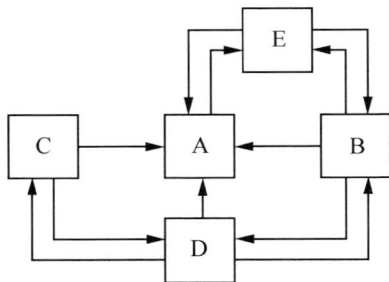

图 7-8　成长期

>> 阿里巴巴生态系统的成长期

2003 年，我国互联网发展速度飞快，网民数量从 2000 年的 2250 万增加到 7950 万，计算机数量从 2083 万台增加到 3089 万台。随之，阿里巴巴生态系统也进入了爆发式增长阶段。阿里巴巴生态系统的规模不断扩大，同时衍生出各种第三方服务提供商，系统内部的功能不断完善，交易效率不断提高。这一时期，阿里巴巴开展了一系列经营运作活动，主要包括：

● 2003 年 5 月，阿里巴巴成立电子商务交易网站——淘宝；

● 2005 年底，淘宝在线商品数量超过 1300 万件，占据国内同类市场 72% 的份额；

● 2004 年 12 月，阿里巴巴生态系统推出第三方支付工具——支付宝，解决了系统内消费者的在线支付问题，克服了当时信用体系不完备的障碍；

- 2005年10月收购雅虎中国、2006年10月注资口碑网，加强了阿里巴巴系统内的生活服务功能；

- 2007年1月阿里软件成立，11月阿里妈妈上线，阿里软件为平台内各主体尤其是商家提供了最重要的网络基础设施及软硬件运作平台，方便阿里巴巴生态系统内成员进行业务开展及运作等；

- 2008年淘宝商城（天猫）上线；

- 2009年9月推出阿里云；

- 2010年3月聚划算上线并于2011年10月正式成为独立平台。

至此，阿里巴巴生态系统又进入了新的阶段。

（3）繁殖期

在繁殖期，随着平台聚集的资源越来越多，生态系统内各个主体规模不断扩大，平台自身的规模和容量必须与生态系统内部各主体之间的成长相适应，否则该生态系统便会失去平衡。因此，当规模扩张到一定阶段，平台便开始自我繁殖，以保持整个系统平衡。当然这种繁殖不是简单地复制，通常是基于相同的架构和原理，进行不同的包装，推出新的子平台或频道，从而孵化出更多的新业务。

在这个阶段，商家和消费者的演化规律并没有发生本质的变化，主要的变化是平台规模的扩大。随着平台规模的不断扩大，平台聚集的商家和消费者越来越多，产生的网络外部性也越来越大。然而，这也会导致平台管理成本的不断上升。当平台规模达到临界点时，可能会分化出新的平台。每个新的平台都会各自演化，并产生强烈的关联效应。图7-9展示了平台A逐渐分裂成A_1、A_2、A_3等多个平台。

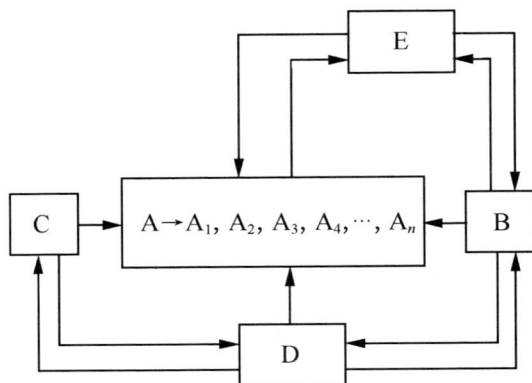

图 7-9　繁殖期

>> 阿里巴巴生态系统的繁殖期

在这一时期，阿里巴巴生态系统内成员规模不断扩大直至突破临界点。为了保持系统平衡，系统内部平台出现了自我繁殖现象，以此进行扩容，将系统内部聚集的资源进行分流，如图 7-10 所示。

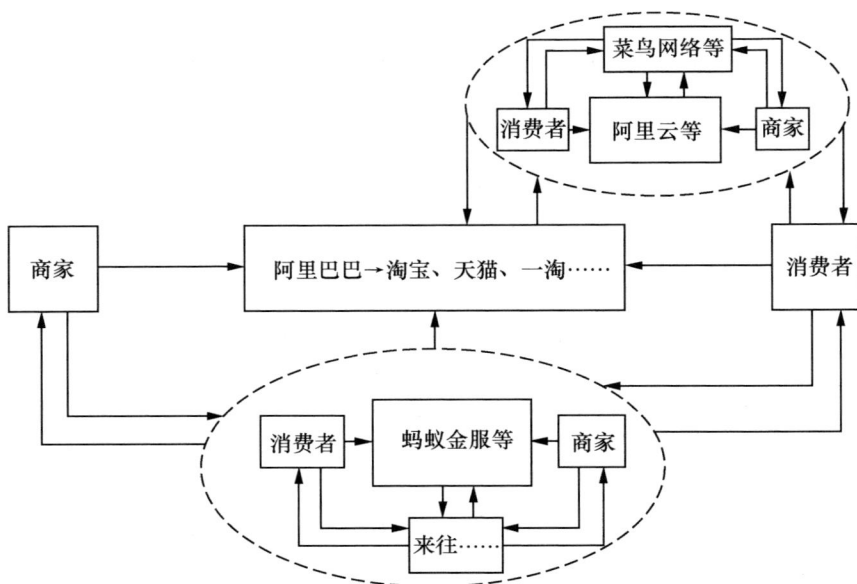

图 7-10　阿里巴巴生态系统的内部演化

2011 年阿里巴巴宣布将淘宝拆分为一淘网、淘宝商城（后改名为天猫）、淘宝 3 个独立平台；2011 年 10 月，聚划算成为独立平台；2012 年 7 月，阿里巴巴进行业务调整，将集团分为淘宝、一淘、天猫、聚划算、阿里国际业务、阿里小企业业务和阿里云七大事业群；2013 年 1 月，阿里巴巴对集团现有业务架构和组织进行相应调整，七大事业群变为 25 个事业部；2013 年 9 月，"来往"上线；2014 年 2 月，天猫国际上线。

（4）分化期

在分化期，当生态系统内部各个主体都发展壮大到相当规模，就会产生自我演化甚至是外溢的现象，即本身为电商平台、商家和消费者提供服务的专业服务商和增值服务提供商，由于自身规模不断扩大，同时掌握交易过程中的关键数据，与平台之间的关系变得微妙。它们不再像以往一样单方面依附于平台，而是成长为独立的入口。

在平台上，围绕着新平台产生了众多新的专业服务商 D″ 和更多的增值服务提供商 E′，而且新平台也发展出了独立用户群 C′ / B′ 和 C″/B″，如图 7-11 所示。

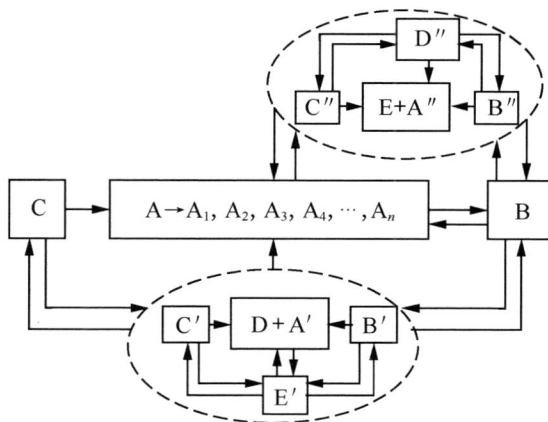

图 7-11　分化期

>> 阿里巴巴生态系统的分化期

2014 年 9 月，阿里巴巴在纽交所的登陆标志着阿里巴巴全球化、开放化、协同化、平台化和数据化的电商模式建立，也预示着其将逐渐步入分化期。这个时期的阿里巴巴生态系统随着公司的发展不断壮大，战略方面不再仅推出某个平台或者上线某个网站，而是围绕着这些平台不断发展出新的生态系统，打造新的服务入口。

以支付宝为例，支付宝最初是依附于淘宝平台存在的第三方支付工具，之后发展为面向整个互联网电商网站的开放性支付平台，业务也拓展到阿里系以外的众多视频网站、旅游网站、公共性缴费以及其他同业竞争的平台。经过十余年的发展，支付宝现在已经发展为以自身为核心平台，商家、消费者、第三方服务提供商（物流、教育、培训等）聚集的生态系统，如图 7-12 所示。

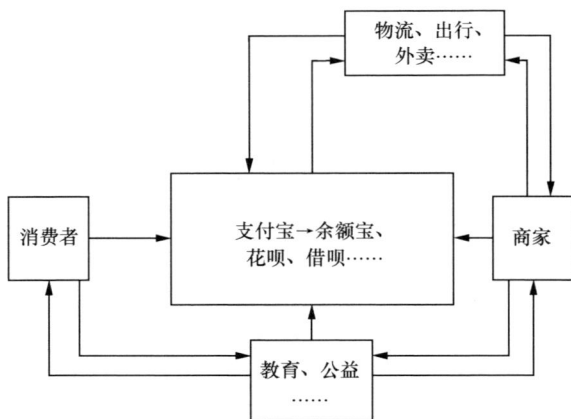

图 7-12　支付宝的生态系统

自阿里巴巴建立以来，阿里巴巴生态系统中的互联网平台已非常丰富，包括 1688 网站（阿里巴巴 B2B 平台）、淘宝（C2C 平台）、天猫商城（B2C 平台）、聚划算（团购平台）、支付宝（支付平台）、菜鸟网络（物流平台）、阿里妈妈（广告平台）、一淘网（搜索平台）、喵街（实体商业互联网＋平台）、阿里云（IT 服务平台）、去啊（旅行服务平台）等。

｜ 本章小结 ｜

本章首先讲解了数字生态的定义及构建完整数字生态的方法。数字生态与传统的商业生态系统有所不同。在这个充满不确定性的数字世界中，建立一个无形的生态系统需要全新的方法。本章提供了"价值设计 → 价值探索 → 价值共创 → 价值获取"这一构建过程。

其次，本章进一步探讨了技术生态位企业与市场生态位企业在构建数字生态时的差异。尽管成功的数字生态企业都建立了庞大的数字生态，但它们的战略却完全不同。像华为这样的技术生态位企业是通过不断的技术创新来构建数字生态的，而像阿里巴巴、腾讯这样的企业则是利用其市场地位来构建数字生态的。初创企业需要明确选择实现生态位"跃迁"的路径。

再次，本章给出了头部企业和创业企业常用的生态战略，为企业战略转型提供参考。企业应该根据其所处的时期和环境制定相应的战略，以实现更全面的资源共享和价值共创。

最后，本章以阿里巴巴这个电商生态系统为例介绍了数字生态的演化过程，这个过程包括萌芽期、成长期、繁殖期和分化期。通过这个演化过程，数字生态会从单一平台发展为多平台及拥有多个子生态的庞大系统。

第八章

工业互联网与数字生态

让人与人连接和协作的是社交网络，让机器与
人连接和协作的是工业互联网的生态系统。

1. 构建工业互联网生态系统的过程中会面临哪些主要挑战？

2. 企业应如何选择适合自身特性的工业领域生态战略？

3. 企业如何保持工业互联网生态系统的长期优势？

工业互联网是传统制造型企业在数字化转型过程中的必备工具，也是传统企业构建数字生态的核心。

目前，许多企业仍处在探索如何构建工业互联网和大规模推广应用的过程中。与消费互联网相比，工业互联网与物理世界紧密相连，因此模式创新和迭代并不像消费互联网那样容易。为了加快这一过程，有必要在深入理解数字生态发展过程后，再构建工业互联网的生态系统。

由于工业互联网是构建于工业物联网之上的，需要投入大量的物理设备资源。这与在拓展消费互联网业务时需要大量投入非实物性资源，例如消费券、骑手服务等，形成了鲜明的对比。并且，传统企业面临着"先有鸡还是先有蛋"的困境。没有工业数据，就无法优化生产过程；没有优化的成效，就无法大规模投资建设工业互联网平台。因此，在投入大量资源进行工业互联网建设时，就不容易明确收益预期，进而动摇信心。

本章的目的是为传统制造型企业指明工业互联网的落地策略：如何基于数字生态的构建思路进行工业互联网的建设，在大规模投资之前进行价值评估，降低企业的创新风险。

一、工业互联网概念

先来理解一下工业互联网的主要场景，以及它与消费互联网、产业互联网的区别，这有助于深入探讨如何构建工业互联网生态系统。

1. 核心场景介绍

一般情况下，工业互联网平台业务涵盖以下的核心应用场景。

（1）设备资产管理

工业互联网平台可以实现设备的远程监控、预测性维护、故障诊断等功能，提高设备利用率和维护效率，降低设备故障率和维修成本。通过实时采集设备数据并进行分析，企业可以更加精准地了解设备状态，制订更加科学的维护计划，延长设备使用寿命。

（2）生产过程优化

工业互联网平台能实现生产流程的数字化和智能化，帮助企业实现自动化生产、优化生产计划和调度。通过实时采集和分析生产数据，企业能更精准地掌握生产进度和质量状况，及时调整生产策略，提高生产效率和产品质量。

（3）节能减排

工业互联网平台可以监测和分析企业的能耗情况，提供能源管理和节能优化建议。通过采集、处理和分析能源消耗数据，企业可以更精准地了解能源使用情况，制定科学的节能措施，降低能源成本，提高能源利用效率，同时有助于减少环境污染。

（4）供应链管理

工业互联网平台可实现供应链透明化和智能化管理，帮助企业实现供应链协同和优化。通过实时采集和分析供应链数据，企业可以更精准地了解供应链状况和风险，制定科学的供应链管理策略，提高响应速度和灵活度。

（5）管理决策优化

工业互联网平台提供大数据分析和可视化工具，帮助企业做出科学管理决策。通过采集、处理和分析海量数据，企业可以全面了解市场、客户、竞争对手等外部环境，同时深入了解内部运营情况，从而做出科学管理决策。

（6）产业协同

工业互联网平台可实现产业链上下游企业之间的信息共享和合作，推动产业协同发展和创新。通过连接企业，工业互联网平台可促进资源共享、技术合作和业务协同，提高整个产业链的效率和竞争力。

这些应用场景都是工业互联网平台的核心价值所在。它们可以帮助企业实现数字化转型和智能化升级，提高生产效率、降低成本，并创新业务模式，这样才能在激烈的市场竞争中获得更大的优势。

2. 企业分类

工业互联网产业联盟发布的《工业互联网平台白皮书（2017）》中将工业互联网平台企业分为 4 类：装备与自动化企业、生产制造企业、工业软件企业和信息技术企业。

（1）装备与自动化企业

这类企业专注于设计和制造各种工业装备，以及提供自动化解决方案，通过工业互联网平台将智能装备与自动化系统连接起来，实现远程监控、预测性维护和优化运行，例如 GE、西门子、ABB、和利时等。

（2）生产制造企业

这类企业利用工业互联网平台实现生产过程的数字化、网络化和智能化，以提高生产效率、降低成本并提升产品质量，同时，将自身的数字化转型经验以平台为载体对外提供服务，向服务化转型以实现可持续发展，例如三一重工、海尔、航天科工等。

（3）工业软件企业

这类企业专注于开发、提供用于工业领域的软件（包括工业设计软件、生产管理软件、工业控制软件等）产品和服务，借助工业互联网平台的数据汇聚与处理能力提升软件的性能，拓展服务边界，例如 PTC、SAP、Oracle、用友等。

（4）信息技术企业

这类企业主要从事信息技术的研发、应用和服务，包括云计算、大数据、人工智能等领域。这类企业为工业互联网平台提供基础设施、数据处理和分析能力，以及安全保障等技术支持，例如 IBM、微软、华为、思科等。

这 4 类企业在工业互联网生态系统中相互依存、相互促进，共同推动工业互联网发展。

3. 与消费互联网的差异

虽然消费互联网平台和工业互联网平台都是数字化平台，但是在服务模式和信息交互上存在着几点差异。

首先是应用场景的差异。消费互联网构建的是线上消费场景的应用，是在商业模式层面上开发产品和服务；工业互联网则是从技术层面出发，工业消费场景仅是技术衍生的一个应用。通过工业技术、数据处理能力上的革新，工业互联网可以渗透到研发、生产、交易等所有环节，帮助整条产业链降本增效、提升产能。

其次是服务对象的差异。消费互联网服务的通常是个人用户，其数据量有限且有着较高的同质性，便于标准化处理；工业互联网所面对的是各行各业的制造企业，由于业务发展需要或工作性质的不同，交互企业双方会存在不同的接口或者异构的信息格式，因此会导致不同格式的信息之间交互成本过高。

最后是共享和安全性要求的差异。工业互联网平台对信息共享的兼容性和安全性要求较高。与消费互联网平台相比，工业互联网平台面临网络、机器不兼容导致的信息共享效率低下、工业数据难以充分发挥作用等问题，而技术设备的更新换代对企业来说是一笔庞大的开支。此外，由于当前国际信息安全的严峻形势以及网络黑客的存在，企业对核心数据十分敏感，信息共享积极性难以提高。

根据上述差异，工业互联网平台所要解决的重要难题可以概括为如何在保障广大企业自身利益的同时，发挥工业数据的基础资源作用和创新引领作用，实现产业链全过程、全方位的高效协同。

4. 与产业互联网的差异

产业互联网基于互联网技术重塑产业链形成新的经济形态。它利用新技术（如物联网、大数据、云计算、人工智能等）实现产业链资源整合和价值链优化，降低运营成本，提高运营质量与效率，对传统产业进行升级和改造。

虽然产业互联网与工业互联网之间有很多相似之处，但是也存在多方面的差异。

（1）主导者不同

我国的工业互联网主要由先进制造企业和信息技术企业主导，而产业互联网由龙头企业主导。这意味着在推动力和实施策略上，两者会有显著的不同。

（2）政策导向不同

工业互联网的政策导向主要是智能制造和工业发展规划，这与工业制造业紧密相关。产业互联网的政策导向则更侧重于大众创业、万众创新，以及其他与互联网相关的领域。

（3）技术侧重点不同

工业互联网的技术主要侧重于数据采集、交换、快速计算处理、数据分析、全面深度感知和设备连接等方面。产业互联网则涵盖中间件整合技术、云上服务、"互联网+"技术、大数据、AI等多种技术，其技术范围更为广泛。

（4）应用领域不同

工业互联网主要应用于工业制造业领域，强调对工业设备和生产流程的数字化、智能化改造。产业互联网则不明确限定行业，可以广泛应用于零售、金融、地产、医疗、通信、物流、交通、服务等各个行业，每个行业都有其独特的应用模式。

（5）连接对象不同

工业互联网主要解决设备、人、技术之间的通信问题，偏向于技术业务体系的连接。产业互联网则更注重解决经营管理与生产管理之间的协调问题，对整体产业链中大量不同体量及分散的上、下游厂商资源进行整合连接。

总体上看，工业互联网与产业互联网的差异反映了两者在发展目标、实施策略和应用范围上的侧重点不同。

二、工业互联网生态系统

工业互联网平台的本质是通过连接与聚合促进网络效应，这一点与消费互联网平台一样。工业互联网平台首先需要将各种工业设备连接起来，实现设备间的数据交换和通信。通过数据聚合，平台可以收集大量的工业数据，为后续的数据分析和优化提供基础；其次，工业互联网平台还需要聚合各种工业应用服务，如远程监控、预测性维护、能源管理等，这些应用服务的聚合可以为企业提供一站式的解决方案，提高生产效率和降低成本；最后，工业互联网平台还需吸引用户和开发者参与，促进生态系统的形成和发展，用户可以提供需求反馈和市场信息，而开发者则可以开发新的应用和服务，丰富平台的生态系统。

聚合不同来源的数据、聚合各种工业应用服务以及吸引多方参与，本质上还是建立双边乃至多边的协作网络。因此，工业互联网生态的构建仍要考虑该生态系统中的种群关系，设计共创机制，吸引多元参与者，并基于价值创造的过程，即价值设计 → 价值探索 → 价值共创 → 价值获取，逐步打造一个开放、协同、创新、安全的工业互联网生态，推动工业领域的数字化转型和智能化升级。

1. 生态构成

本书在第七章介绍了生态系统的种群划分，主要包括关键种群、领导种群、支持种群、寄生种群，它们分别对整个生态系统起着不同作用。领导种群处于核心位置，负责资源的整合和协调；关键种群则是整个生态系统的受众或服务对象。因此，每个企业所拥有的资源和能力，使得其在生态系统中扮演不同的角色。

按照这种划分方式梳理的工业互联网生态系统的种群如图 8-1 所示。

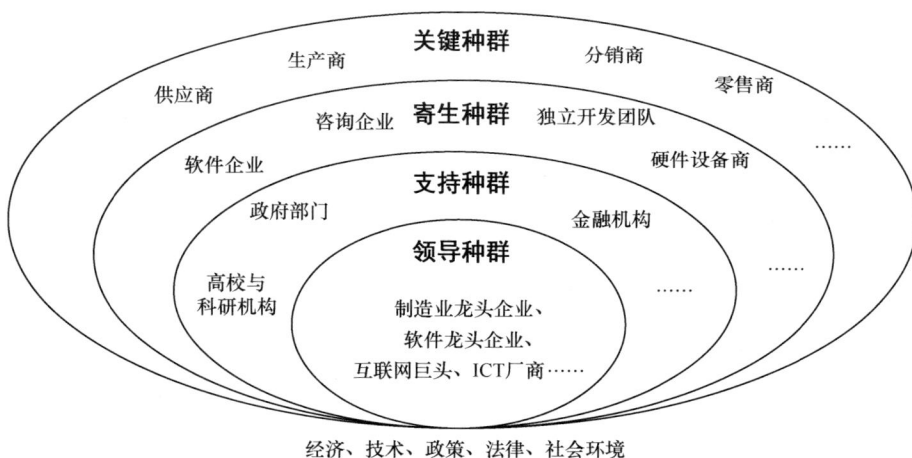

图 8-1 工业互联网生态系统种群

（1）领导种群

领导种群由工业互联网平台的资源整合者和生态系统领导者构成，负责设计和建设工业互联网平台、制定生态系统的运营机制，完成价值利益的分配和共享。领导种群代表企业有海尔、三一重工等制造业龙头企业，金蝶、浪潮等软件龙头企业，腾讯、阿里巴巴等互联网巨头，华为、紫光等 ICT（Information and Communications Technology，信息通信技术）厂商。

（2）支持种群

工业互联网提供服务的机构或组织包括政府部门、高校与科研机构、金融机构等。政府部门通过政策、税收、法律法规等规划工业互联网平台的发展，监管或指导工业互联网产业集群中的其他主体；高校与科研机构培养、输出人才，并推动系统技术更新和创新；金融机构提供资金支持，促进工业互联网产业集群的发展壮大。

（3）寄生种群

为工业互联网平台提供 App 和服务的组织，满足关键种群需求。它高度依赖生态系统，与生态系统密切相关，包括各类软件企业、咨询企业、独立开发团队和硬件设备商等。

（4）关键种群

工业互联网平台的服务对象，在生态系统中为需求方，对系统提出需求，使用系统提供的服务。关键种群代表企业主要有供应商、生产商、分销商及零售商等。

这些种群在工业互联网生态系统中相互依存、协同演化，共同推动整个生态系统的健康发展和价值创造。每个种群都有其独特的角色和贡献，同时受益于其他种群的发展和创新。

2. 构建生态的挑战

由于工业互联网平台需要同时连接现实物理世界和开展线上化的业务协作，具有敏态和稳态两种形式。连接物理世界这一边的业务形态是稳态，工业化的生产制造过程不会随着用户侧的需求改变而产生巨大的变化；对于线上化的业务协作，其业务形态是敏态，会针对客户需求的改变、合作伙伴的策略而随时调整。所以，工业互联网平台促进网络效应的过程不可能一蹴而就，仍然面临一些挑战。

这样的挑战是多方面的。一方面是技术相关的问题，如技术兼容性问题。工业互联网平台需要连接、聚合各种不同类型的设备和系统，这些设备和系统可能来自不同的厂商和领域，具有不同的通信协议和数据格式，如何实现这些设备和系统的互联互通是一个技术上的挑战。此外，工业互联网平台收集到的大量工业数据具有复杂性和多样性，如何有效地处理和分析这些数据以提取有价值的信息也是一个重要的挑战。另一方面是生态系统建设问题。工业互联网平台需要吸引用户和开发者的参与，形成新的生态系统。然而，建立有效的合作机制和商业模式以吸引更多的参与者，同样是一个巨大挑战，既要激发多方参与，又要考虑如何平衡不同参与者的利益和诉求。

基于这两方面的挑战，工业互联网平台就形成了两种不同的发展路径：第一种是从解决技术问题出发，衍生出基于技术价值创造的工业互联网平台；第二种是从促进多方参与形成业务合作出发，衍生出基于业务价值创造的工业互联网平台。这两种发展路径的战略，就是后文所要讨论的技术生态位发展战略与市场生态位发展战略。

三、工业领域生态战略

为了应对在工业领域建立数字生态的挑战，应从 4 个方面进行分析：首先，应根据工业企业的特性选择不同的生态位发展战略；其次，需要基于数字生态的价值构建过程来设计生态系统的整体方案；再次，需要考虑能够激发生态共创的策略，以吸引更多相关方的参与；最后，在成功建立平台之后，需要设定更长期的生态目标，以确保生态系统的价值最大化。

1. 数字生态构建方式

正如第七章中分析的，对多数数字生态企业来说，一共有两种发展战略，即"技术生态位"战略与"市场生态位"战略。在数字经济环境下也有两个与之对应的企业类型：一类是数字产业化企业，另一类是产业数字化企业。

数字产业化企业是指提供数字技术、产品、服务、基础设施和解决方案的企业。这些企业进行数字技术的研发、生产、销售和服务，以及数字基础设施建设和运营。它们是数字经济发展的核心，为其他行业提供数字化转型所需的技术和基础设施。产业数字化企业是利用数字化技术提升营收并降低成本的企业。它们通过升级商业模式、产品和业务流程来适应新市场及消费者需求。产业数字化企业包括传统产业和新兴产业中的数字化部分。

简单来说，数字产业化企业是提供数字技术和解决方案的企业，而产业数字化企业则是应用这些技术和解决方案来提升自身业务效率及竞争力的企业。两者共同构成了数字经济下的两大产业形态。

两种数字生态的构建方式

由于数字产业化企业与产业数字化企业的特质不同，因此其发展战略也截然不同。数字产业化企业首先需要成为技术生态位企业，然后凭借其生态战略，通过吸引创新技术企业参与生态共创，最终成为市场领先型企业，跃升为范式生态位企业；产业数字化企业则应首先成为市场生态位企业，从市场领先开始，逐步发展生态系统，吸引更多的业务互补性企业参与，帮助构建更广泛的业务场景的数字生态，提高其技术领导力，最终成为范式生态位企业。

图8-2给出了技术生态位企业与市场生态位企业发展战略的示意。对

数字产业化企业而言，它们的数字生态发展战略将从"技术生态位"逐渐转向"范式生态位"。典型的代表是 ICT 产业的公司，例如华为、浪潮、中兴等。而对产业数字化企业来说，它们的发展战略则是从"市场生态位"转向"范式生态位"。这类公司大多是传统企业，例如美的、海尔等传统制造型企业，以及借助消费互联网进入传统领域的企业，例如阿里巴巴、美团等。

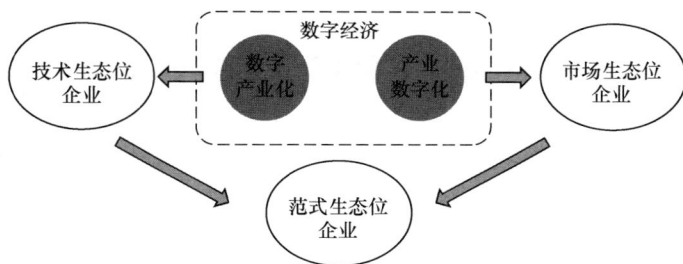

图 8-2　技术生态位企业与市场生态位企业发展战略

2. 平台价值构建过程

第七章已经讨论过建立数字生态的一般性过程，在工业领域建立数字生态依然可以根据"价值设计 → 价值探索 → 价值共创 → 价值获取"这个过程来进行分析。

（1）价值设计

在工业领域建立数字生态，其构建者——生态系统的领导种群，需要先明确自身的终极目标是什么。

在工业领域建立数字生态，其根本目的是借助工业互联网平台这样的新技术为构建者自身带来互补性资源，这里不但包括技术创新合作伙伴，还包括与生产制造、销售流通相关的互补性外部资源。

因此，传统企业可以通过与互补资源方在工业互联网上进行协作，以获取"异质性"技术能力或以数据形式沉淀的"资产"，从而构建核心竞争力。传统企业利用工业互联网平台的目的不仅是通过改进生产制造过程来提高效率，还包括通过该平台构建利用生态系统为客户创造价值的能力。

例如，海尔的工业互联网平台卡奥斯不仅是一个通过工业互联网技术进行智能化生产的服务平台，还是支持"小微创新"团队不断满足客户需求并与多方外部合作方协作的支持平台。最终，该平台将积累更多的知识经验，更好地帮助海尔进行生产制造。对于浪潮的工业互联网平台InCloud，其目的是通过开放技术能力吸引更多的技术创新伙伴使用平台，服务更多客户，并最终将这些技术优势沉淀到 InCloud 平台上。

（2）价值探索

在利用工业互联网构建数字生态的过程中，如何探索激活多个互补资源方加入生态系统是最大的挑战。

在消费互联网领域，成功的数字生态企业在早期建立数字平台的过程中，会采用多种方式激活网络效应，从而带动更多的消费者和供应商——生态系统中的关键种群加入平台。传统企业由于缺少激活网络效应的手段，在初期往往忽略了激活网络效应才是构建数字生态的关键。

因此，在价值探索阶段，传统企业需要特别关注那些能够激发网络效应的服务。同时，它们还必须设计一个或多个数字平台，以吸引多方参与，促进信息共享和协作。例如，数字供应链协作平台、数据共享平台或提供工业 PaaS 平台与工业 App 等。

通过试点项目和小规模的推广，企业可以测试这些服务在市场上的反应、用户接受程度以及是否激发了网络效应。同时，企业需要收集反馈并不断优化这些服务，以确保它们能够快速、有效地促进数字生态的发展。

例如，浪潮云在构建工业互联网平台时进行了相关领域的探索。浪潮云与百度云合作研发了 ABC 一体机，以满足智能安防、人脸识别等需求。这种合作结合了浪潮云的 AI 计算和百度的算法模型方面的优势，吸引了医疗、物流、制造和金融等行业的采购，并推动了跨行业的创新应用。

（3）价值共创

对任何一家成功的数字生态企业来说，完全依靠自身能力构建整个生态来满足最终客户的需求都是不现实的。因此，在成功吸引客户和合作伙伴参与工业互联网平台后，数字生态企业要做的重要工作就是让更多的资源方和互补企业——生态系统中的支持种群和寄生种群参与平台共创的过程。

需要注意的是，价值共创过程不仅是吸引更多互补性资源方共同满足客户需求的过程，而且是不断地将客户与生态伙伴进一步"锁定"在生态系统中的过程。

随着生态伙伴越来越多地利用平台技术满足客户需求，它们投入的资源成为参与平台型业务的沉没成本，形成锁定效应。工业互联网平台应设计锁定方案，如对供应商行为和能力的评价，优质供应商可获取更多订单机会。

同样地，对生态系统服务的客户群体来说，当其与更多的互补性资源方建立合作关系，不如使用同一个平台来满足更多业务场景的需求，因为这样可以降低平台切换的成本（例如学习平台功能、对接平台开放 API 的开发投入等）。因此，生态系统的价值共创不仅给合作方带来了业务价值，而且将更多的资源和用户"锁定"在数字生态中。

例如，海尔卡奥斯平台鼓励用户参与产品设计、生产和服务的全过程，以达到个性化定制和按需生产的目的。同时，通过与用户、供应商、设计师等各方合作，实现个性化定制和智能制造。卡奥斯平台提供开放的 API 和开发工具，鼓励第三方开发者在其基础上进行创新和应用开发。这种深度的协作使用户和参与方被"锁定"在平台上。

（4）价值获取

数字生态的最大价值在于成功吸引多方参与，并通过生态系统运作满足目标客户需求，从而提升对平台构建者的竞争力。

对于技术生态位企业，其价值目标是为客户提供满足各种需求的技术能力。这种技术能力无法仅依赖一个企业来提供，而是需要整个生态（例如 Android 生态）一起来实现。技术领先型企业可以通过多方技术合作共建，从而将技术领先转变为市场领先，最终发展为范式生态位企业。例如，华为通过云计算、5G 和鸿蒙系统的创新与共建，在 ICT 产业中获得市场份额，从技术领先者转变为市场领先者。

市场生态位企业则是通过与多个业务互补方协作，满足目标客户群体的需求，并锁定各个参与方，如阿里巴巴生态系统。企业通过业务共创积累数据，吸引技术创新合作伙伴，通过投资或孵化新技术成为技术领导者。例如，阿里巴巴依靠市场和电商优势推出阿里云，吸引中小企业使用其云服务，这一用户群又吸引了技术服务商，促使双边市场形成，由此它从市场领先者成为技术领先者。

随着生态系统的不断完善，数字生态企业成功构建了一个生态系统，并制定了相关规则，以建立自身的高竞争壁垒。这使得竞争对手无法快速获取企业的"异质化"技术和丰富的产业大数据资源。数字生态企业可以依靠这些资源，通过互补性技术创新和数据挖掘，找到比竞争对手更好的竞争策略。

3. 技术与市场的生态共创

（1）产业集群

先从产业集群创新来看如何进行生态共创。产业集群创新是指在产业集群中，企业、研究机构、政府和其他组织之间通过合作、互动和知识共享等方式，推动技术创新、产品创新、组织创新和市场创新的过程。产业集群创新是产业集群发展的重要驱动力，对提升集群竞争力和促进区域经济发展具有重要意义。

产业集群内的企业通常在同一产业链或相关领域内合作，形成良好的业务协同关系，企业之间的信任度高，合作意愿强烈，这使得工业互联网平台在推动多方协作时能够降低建立信任的成本，减少建立信任所需的时间；产业集群内企业地理位置邻近，物理上的协作成本（如交通成本、通信成本等）较低，降低了工业互联网平台实现共创的成本；产业集群内的创新活动往往涉及新技术的研发和应用，工业互联网平台作为技术创新的载体，可以迅速吸收和应用这些新技术，推动平台自身的技术升级和应用创新。

由于产业集群具有传统产业生态的特点，工业互联网平台与产业集群结合后，这些资源可以更快地被平台吸引和整合。因此，在工业互联网平台的共创阶段，可以考虑与产业集群的积极合作，将数字生态融入传统商业生态系统中。

工业互联网平台与产业集群的合作已成常态，以下是几个相关案例。

1）华为 FusionPlant 工业互联网平台。华为（吴江）工业互联网赋能中心是华为云产业云创新中心的一部分，它扎根于苏州吴江区，联合各类合作伙伴为企业提供数字化运营、协同管理、数字化交易等上云上平台服务。这个赋能中心不仅积极协助吴江区打造数字产业链，还构建了工业生态联盟体系，聚集了大量的生态伙伴。目前，该中心的服务已覆盖高端装备制造、纺织服装、光电缆、电子装备、新材料等产业集群。

2）阿里云 supET 工业互联网平台。纺织产业集群作为传统的制造业集群，长期以来面临着市场竞争激烈、成本压力增大、环保要求提高等多重挑战，阿里云与某纺织产业集群深度合作，协助纺织产业集群内的企业进行技术创新和转型升级。例如，通过设备连接和数据分析，纺织产业集群内的企业提高了生产效率；通过数据驱动的决策和云上研发设计，企业降低了生产成本和研发成本；云上的研发设计环境和跨企业的协作机制，促进了纺织产业集群内的技术创新和产品创新。

3）树根互联根云平台。嘉禾铸锻造产业集群是湖南省唯一以铸锻造产业为主体的产业集群。嘉禾县高新区是湖南省唯一的铸锻造专业园区，也是全国 24 个铸造特色产业集群（园区）之一。为解决粗放式生产、能耗高、信息化水平薄弱、企业数字化基础差、管理水平落后等问题，推动铸锻造行业转型升级，嘉禾县在 2019 年引入树根互联股份有限公司建设铸锻造产业集群工业互联网平台。通过"根云 + 根链平台"双轮驱动，打造"工业互联网 + 区块链"，促进信息化和工业化的发展。

（2）数据开放

数据开放在工业互联网生态系统共创中发挥着重要作用。通过数据开放和共享，工业互联网平台能够吸引更多合作伙伴加入生态系统，推动跨行业合作和创新，为企业和整个生态系统带来更大的价值。

例如，通过数据共享经济模式，工业互联网平台能吸引众多合作伙伴，促进企业间的交流与合作，为发现新商业模式和市场机会提供了可能；数据开放还能推动数据标准和规范的建立，提升整个生态系统的互操作性；数据开放也是创新的催化剂，激发企业挖掘新商业模式、产品优化点和市场机遇；数据开放能够提高企业的透明度，有助于建立稳固的信任关系，对企业的长期发展至关重要。

接下来通过海尔卡奥斯平台的案例来深入理解数据开放对工业互联网平台的价值。

>> 海尔卡奥斯平台的数据开放赋能

海尔卡奥斯平台通过数据管理和智能分析技术，实现了跨行业的数据需求关联性，形成了复杂的新创意，这些新创意通过跨界匹配和资源能力的相互呼应形成；通过模块试验匹配和社会合作资源的聚合，实现了复杂新创意的转化。

海尔卡奥斯平台引导用户加入具有相同偏好的社群，激励他们发布帖子，讨论和交流产品使用、售后服务，甚至生活中的问题和需求。这样在不同社群之间形成了不同的需求数据。后台数据管理系统会实时动态地将社群内的热门、精华和有趣的帖子置顶或更新，并通过大数据智能分析技术，对用户关注的问题和需求进行深度学习，挖掘出隐藏在"弱关系"需求数据之中的"强连接"，建立起需求数据的跨行业关联性。

通过系统性分析，海尔卡奥斯平台将复杂创新理念分解为多个数据功能模块，并在社区中发起征集，采用多触点嵌入方式吸引来自不同行业和领域的合作资源进行试验匹配。模块试验匹配不仅实现了对复杂创新的"化整为零"，更有利于针对不同模块分别对接社会合作资源，实现分散创新力量的"聚沙成塔"。通过跨界组合和匹配，为复杂创新的转化提供支撑。

正如某智能冰箱社群版主所言："越是你不相信的东西越有可能成为现实。你根本不会想到用户最希望通过冰箱观测食材新鲜度、查询菜谱以及上网购物，甚至想在烹饪之余了解新闻资讯和听歌观影。这些集多功能需求于一体的新创意就是在冰箱社群交互中发现的。"

海尔卡奥斯平台围绕复杂新创意所聚合的外部供应商、经销商和用户等利益相关者可与平台内部员工展开充分合作，组成"创业小微"，并为创业小微提供研发、制造、营销、人力和财务等资源与服务支持，从而保证复杂新创意向产品或服务的转化。

（3）众包

众包在生态系统共创中展现出了其独特的优势和价值。

通过集思广益，众包汇聚了全球的智慧和创意，为复杂问题提供了多样化的解决方案，这促进了生态系统内的技术和产品创新。同时，众包的弹性资源模式使得企业能够根据实际需求灵活调整团队规模，优化资源配置，降低运营成本。此外，利用众包进行市场测试和用户反馈收集，企业能够更准确地把握市场需求，指导产品的改进和优化。在风险分担方面，众包让多个参与者共同承担项目风险，确保了成果的公平共享，提高了项目的成功率。众包平台还是技能挖掘和人才培养的摇篮，为生态系统内人才的成长和能力提升提供了有力支持。

国内工业互联网领域中，众包模式的应用案例逐渐增多，以下是一些具体实例。

1）华为云的众包平台。华为云推出了众包平台，专门面向工业互联网领域。该平台聚集了大量的开发者、工程师和行业专家，通过发布众包任务解决工业互联网领域的技术难题和创新挑战。例如，华为云曾通过众包平台成功解决了某制造企业的生产线自动化升级问题，大大提高了生产效率和质量。

2）阿里巴巴的淘工厂平台。该平台通过众包模式连接了众多小型制造商和加工企业。平台上的企业可以发布加工需求，而全球的制造商可以竞标接单，实现生产能力的共享和优化。这种模式不仅降低了生产成本，还提高了制造资源的利用效率。

3）海尔卡奥斯平台。该平台通过众包模式聚集了全球的研发资源，共同开发符合市场需求的智能家电产品。平台上的用户可以提出产品需求或创新想法，而全球的工程师和设计师可以提供解决方案或参与产品设计，实现了从客户需求到产品落地的全流程众包。

这些案例展示了众包在工业互联网领域的广泛应用和巨大潜力，通过聚集全球的智慧和资源，众包模式正成为推动工业互联网发展的重要力量。

（4）开源

工业互联网平台作为连接工业全要素、全产业链、全价值链的枢纽，

在推动产业数字化转型方面发挥着核心作用。开源策略通过开放源代码、吸引开发者参与、构建开源社区等方式，可以促进工业互联网平台的生态共建和技术创新。

在工业互联网平台上，开源策略可以应用于多个层面，包括底层的操作系统、中间件、数据库等基础软件，以及上层的应用软件和服务。通过采用开源技术，工业互联网平台可以降低研发成本、提高开发效率，同时吸引更多的开发者和企业参与平台的生态建设，共同推动平台的发展和创新。

此外，开源策略还可以提高工业互联网平台的安全性和可靠性。开源软件的代码公开透明，可以被广泛地审查和测试，从而促进潜在的安全漏洞、问题被发现和修复。这可以增强工业互联网平台的安全性和可靠性，保障工业生产的正常运行和数据安全。

开源技术在工业互联网领域应用广泛，国内有很多企业成功地运用了开源技术来推动其工业互联网平台的发展。以下是开源策略在工业互联网中的应用案例。

1）华为的 OpenEuler 操作系统：OpenEuler 是华为基于 Linux 开源技术打造的企业级操作系统，面向数字基础设施全场景，支持服务器、云计算、边缘计算、嵌入式等多种应用场景。在工业互联网领域，OpenEuler 可以提供稳定、安全、高效的运行环境，支持各种工业应用的开发和部署。

2）Kubernetes 容器编排系统：Kubernetes 是一个开源的容器编排系统，最初由谷歌开发，现在已成为云计算领域的标准之一。在工业互联网中，Kubernetes 可用于部署和管理工业应用，确保应用的可靠性、可伸缩性和安全性。许多工业企业采用 Kubernetes 来构建其工业互联网平台，以满足不断增长的业务需求。

开源技术在工业互联网领域具有广泛的应用前景和巨大的潜力，开源技术的开放性和灵活性也为企业提供了更多的创新空间和机会。

4. 保持长期优势的方法

工业互联网生态成功建立后，其特征应该是比传统同类企业拥有更多的数据，开始展现出利用数据要素在业务发展过程中的价值，考虑如何与参与生态的企业进行利益协调并保持生态稳定发展，有更多的社会化企业和个人参与生态共建，社会化大协作形态已经初步形成。

（1）持续的数据价值挖掘

相比没有构建起数字生态的传统企业，数字生态企业已经能够通过工业互联网平台的技术创新或者业务协作不断地产生数据沉淀。这些数据是多方面的，如设备检测数据、生产协作数据、物流跟踪数据等。

持续的数据挖掘对工业互联网平台的长期价值表现在以下几个方面。

1）数据价值可推动资源优化配置：通过工业资源数据化和模型化，平台层对资源进行加工、分析、组合和优化，实现更高效的资源配置。

工业互联网最重要的价值是借助数字技术进行数据收集，进而打通企业的各个流程，实现从采购、设计、生产到销售各个环节的互联互通与分布式管理，并在此基础上实现资源的按需配置。应用工业互联网的前后对比如图 8-3 所示。

以往，企业通常通过研发、计划、采购、生产、配送、服务 6 个环节组织运营。这 6 个环节是相对固定的，也是缺一不可的。但是在工业互联网时代，这 6 个环节可以相对独立，演化为 6 个根据需要进行动态配置的模块。每个模块都具有物联网感知能力和对应的数据分析方案，它们能够根据客户的需求高效地自行整合，能恰到好处、既高效又灵活地满足生产工艺需求。

2）数据价值可提升用户体验：平台通过实时需求分享，打破过去的信息不对称，助力企业快速整合所需的资源、能力，从而更好地满足客户需求。比如在智能制造中，工业互联网平台能够精准洞察与捕捉客户的交叉融合需求，通过数据驱动实现利益相关者共谋价值机遇、共创价值产出、共享价值红利。

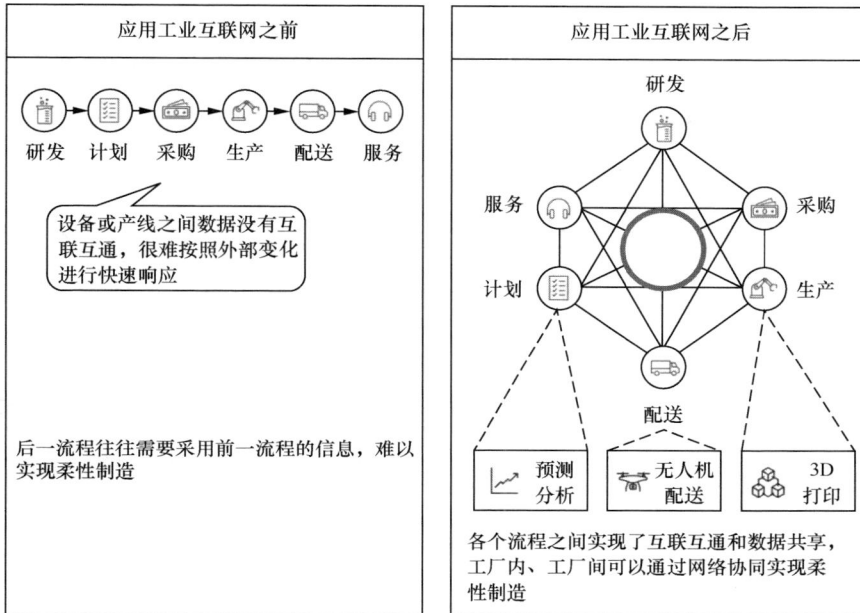

图 8-3　应用工业互联网前后的对比

例如，海尔卡奥斯平台利用大数据分析工业企业潜在的制造需求，并预测客户情感需求，将企业价值主张属性分类，以高效、准确的方式提供具有高匹配性的服务，保证与消费场景要素和客户文化标签的深度耦合，实现客户可感知的体验价值。

3）数据价值可催生新的商业模式：平台能够从复杂的数据中挖掘出复合型产品或服务创意，催动多个行业的利益相关方实现功能或作用的耦合，从而打造出场景式商业新物种。

例如，浪潮 InCloud 平台的"工业淘宝"模式中创造了新的商业模式，平台既有提供工业 App 的供应商，也有购买工业 App 的消费者，具有明显的双边市场效应。工业 App 提供方将自身的制造经验和数据资源整合成可复用、可迭代、可变现的数字化工具形式；工业 App 需求方高效率、低成本地吸纳与自身运营体系相匹配的工业 App，得到具有高适应性的解决方案。

总的来说，随着技术的不断进步和应用场景的不断拓展，数据价值将会得到越来越多的开发，工业互联网平台未来的发展前景将更加广阔。

（2）社会化组织生产模式的变革

由于工业互联网生态融入了工业企业以及相关的参与方，构建了多方协作网络，因此能够以更低的成本和更高的效率来组织大规模的社会化生产协作。

工业互联网生态纵向打通实体企业及产业生态，横向融合消费互联网生态其他数字化网络，形成了更为完整的数字生态。整个数字生态建立在产业生态基础之上，是产业生态在高层演化的稳态形式。工业互联网与社会化生产协作如图 8-4 所示。

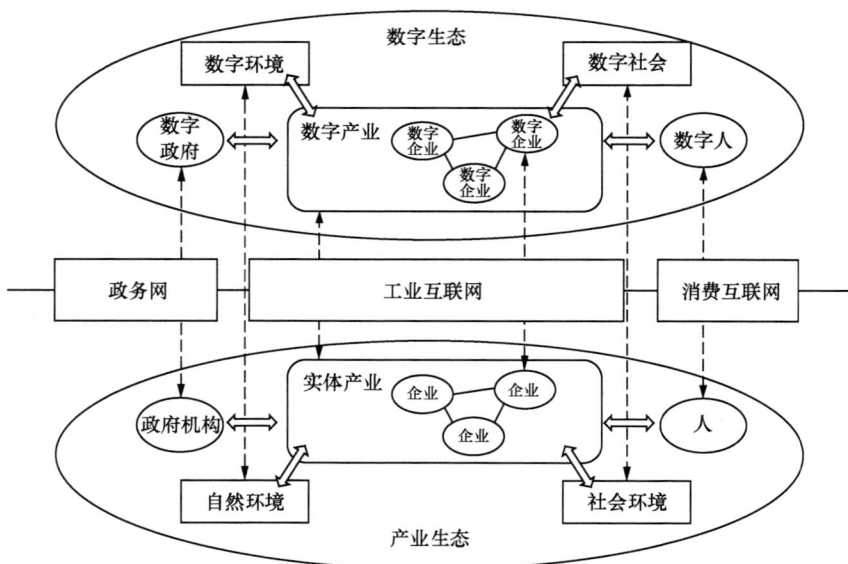

图 8-4　工业互联网与社会化生产协作

从协作效率的角度来看，成功建立工业互联网生态将促进新的生产网络的形成，使跨界协作和共创变得更加便捷、高效。工业互联网平台通过连接设备、人员和服务构建了一个庞大的社会化生产网络。在此网络中，企业可以灵活地组织生产资源，实现生产能力的共享和协同，以满足市场的多样化需求。

从成本角度看，数字生态能更广泛、有效地挖掘市场需求，并以极低的交易成本满足供需双方的要求，从而有效配置产业生态的生产要素。在数字生态中，数字生产要素的高效循环可以驱动产业生态快速响应需求、自然环境和社会环境的变化，从而显著提高单位产能。

从协作组织的角度来看，数字生态具有自组织特性，它能优化和补充产业生态中的产业链。它的自我调节特性使其能够应对干扰，维持自身的动态稳定性，从而提高产业生态的抗风险能力。数字生态的建立改变了人、企业和产业之间的关系。数字生态使得人的劳动成果价值最大化以及企业满足需求的成本最小化的双赢局面成为可能，从而改变了人与企业之间的雇佣关系。

从科技创新角度来看，数字生态具有显著的科技创新成本优势。网络融合带来的网络效应和规模效应进一步增强了这一优势。在共创机制的推动下，进行科技创新的企业或个人能够获得丰厚的回报，从而激发科技创新的活力。科技进步和创新将大幅提升企业和产业的劳动生产率及全要素生产率，使整个生态系统中的生产要素形成有益的正反馈循环。

综合来看，数字生态赋能产业生态，形成了巨大的市场优势。在市场机制的推动下，原有产业生态中的企业进行了数字化转型升级，产生了以数据为生产要素、提供数字服务的新型企业。这些企业融合了消费互联网生态和其他信息网络，形成了新的数字产业链，实现了更广泛的社会化组织生产协作模式。

| 本章小结 |

本章主要讨论了企业如何通过工业互联网构建生态以获得长期优势。工业互联网是一种独特的平台，它不仅连接了工业生产中的机器设备，还连接了参与业务协作的个人和组织。因此，构建工业互联网生态系统是一个很大的挑战。

本章借助第七章中阐述的方法，设计了两种工业领域构建数字生态的战略："技术生态位"战略和"市场生态位"战略。同时，仍可以通过"价值设计 → 价值探索 → 价值共创 → 价值获取"这一过程来构建工业互联网数字生态。本章还提供了几种实现技术与市场生态位共创的策略，包括产业集群、数据开放、众包和开源。

工业互联网平台将给未来的生产制造领域带来巨大转变，企业应学习如何通过持续的数据价值挖掘和社会化组织生产模式的变革来保持长期竞争优势。在这个过程中，数据价值可以推动资源优化配置，提升用户体验，并催生新的商业模式。社会化组织生产模式的变革则能降低成本，提高协作效率，优化协作组织，激发科技创新活力。